Perdita Lübbe-Scheuermann
Frauke Loup

Unser Welpe

Kosmos

Überlegungen vor dem Kauf ▸ 4

Der Welpe wird ausgesucht ▸ 18

Der Einzug rückt näher ▸ 28

Abholen und eingewöhnen ▸ 43

Das kann Ihr Welpe lernen ▸ 56

Die Sozialisierung

Ernährung und Pflege

Die Mensch-Hund-Beziehung

Service

Überlegungen vor dem Kauf

Überlegungen vor dem Kauf

Es gibt viele Gründe, einen Welpen bei sich aufzunehmen – möglicherweise soll der lang gehegte Traum nach einem Hund endlich in Erfüllung gehen oder Sie wollen Ihrem vierbeinigen Freund einen Kumpel dazugesellen. Vielleicht ist aber auch Ihr langjähriger Gefährte gestorben und Sie wünschen sich einen neuen Hund an Ihrer Seite.

Was auch immer der Grund ist, über einen Punkt sollten Sie sich im Klaren sein: Der kleine Kerl wird Ihren Alltag gehörig auf den Kopf stellen! Damit dies nicht zu einer nervenaufreibenden Angelegenheit wird, sondern eine schöne und erlebnisreiche Begebenheit, ist die richtige Vorbereitung auf das neue Familienmitglied außerordentlich wichtig.

Eigenschaften eines Hundebesitzers

▸ Souveränität und Gelassenheit

Mit Souveränität und Gelassenheit überzeugen wir unsere Hunde am meisten, denn sie merken, dass es sich lohnt, sich an unserer Seite aufzuhalten, sich an uns zu orientieren und sich uns vertrauensvoll anzuschließen. Souverän ist, wer signalisiert, dass er

▸ Eigenschaften eines Hundebesitzers

▸ Fünf Eigenschaften sollte ein Hundebesitzer mitbringen:

- Souveränität/Gelassenheit
- Geduld
- Humor
- Hundeverstand
- Konsequenz

weiß, was er tut – jemand, der die Lage im Griff hat. Damit vermittelt er dem Gegenüber Sicherheit. Ein tolles Gefühl, wenn man so jemanden bei sich hat! Und wenn derjenige auch noch schwierige Situationen gelassen meistert, ist er »anhimmelnswert«!

Geduld

Geduld schont Ihre Nerven, denn hektische und ungeduldige Erziehungsversuche verwirren den Vierbeiner nur und sind nicht förderlich für das Vertrauensverhältnis. Hunde reagieren sehr sensibel auf unsere Stimmungsübertragung: Sind Sie hektisch und werden laut, wird Ihr Welpe – je nach Typ – darauf reagieren. Der eine merkt, dass der Mensch nicht Herr der Lage ist und wird ihn möglicherweise zukünftig nicht mehr ernst nehmen, der andere reagiert verunsichert.

Bleiben Sie ruhig und gelassen, auch wenn er schon das dritte Mal an diesem Tag einen kleinen See auf dem Parkett hinterlässt oder partout nicht sitzen bleibt, auch wenn Sie sich dies wünschen. Bedenken Sie, dass Ihr Welpe nichts tun wird, um Sie zu ärgern, sondern dass er es noch nicht beziehungsweise falsch gelernt hat. Vielleicht hat er auch noch nicht verstanden, was Sie von ihm wollen.

Humor

Humor hilft Ihnen, die Welpenzeit positiv zu erleben. Gewähren Sie dem Vierbeiner im von Ihnen vorgegebenen Rahmen Freiheiten und genießen Sie es, über seine Albernheiten zu lachen. Doch bedenken Sie: Er merkt, dass Sie ihn beobachten und über seinen Blödsinn grinsen. Vielleicht fühlt er sich im gerade gezeigten Verhalten bestärkt. Sich über Albernheiten zu amüsieren, das schafft jeder – und wenn Sie auch noch über die zerkauten Golfschuhe lachen können, haben Sie die richtige Einstellung.

Ein Welpe hat noch viele Flausen im Kopf – nehmen Sie es mit Humor.

Hundeverstand: Eine wichtige Voraussetzung für ein zufriedenes Miteinander.

▶ Hundeverstand

Hundeverstand ist wichtig, um auf die Bedürfnisse des Hundes einzugehen und ihn zu verstehen. Hundeverstand hat nichts damit zu tun, ob und wie lange man schon Hunde hält oder hatte. Es gibt Menschen, die seit 30 Jahren Hunde halten und fast nichts über diese Geschöpfe wissen, und es gibt Menschen, die sich das erste Mal einen Hund kaufen, sich gewissenhaft darauf vorbereiten, eine natürliche Souveränität besitzen und damit jedem »alten Hasen« noch etwas vormachen.

▶ Konsequenz

Konsequenz brauchen Sie, um den Welpen mit Ihren Regeln vertraut zu machen. Wenn Sie diese klar, unmissverständlich und ohne Ausnahme aufzeigen, wird der Kleine sie ganz schnell akzeptieren. Er merkt, dass Sie hinter dem stehen, was Sie sagen und meinen.

Damit sind Sie für ihn in jeder Hinsicht berechenbar. Ein Hin und Her hingegen lässt ihn im Unklaren, was erlaubt ist und was nicht. Wie soll er verstehen, dass Sie ihm das eine Mal Zutritt zur Küche gewähren, das andere Mal wieder nicht? Das ist so, als würden rote Ampeln für Sie montags, mittwochs und samstags »Halt« bedeuten und dienstags, donnerstags, freitags und sonntags dürften Sie fahren. Das führt zu Verwirrung!

Ein neuer Lebensrhythmus beginnt

In dem Moment, in dem Sie den Welpen in Ihr Auto setzen, um ihn mit nach Hause zu nehmen, wird nichts mehr so sein wie zuvor. Der Einzug des Welpen bringt einige Veränderungen mit sich: Seien Sie sich bewusst, dass Sie sich folgende Dinge für geraume Zeit »abschminken« können:

Ausschlafen: Welpen haben eine kleine Blase und können diese noch nicht richtig kontrollieren. Einige schaffen es nach einer Woche, Sie bis acht Uhr morgens ausschlafen zu lassen, andere müssen noch nach vier Wochen morgens um vier oder fünf Uhr in der Früh nach draußen – auch im Winter.

Urlaub: Warten Sie möglichst ein, zwei Wochen, bevor Sie den Kleinen aus seiner Umgebung reißen, in die er sich gerade erst eingewöhnen soll. Zuerst sollte die Beziehung zu Ihnen gefestigt werden, bevor er längere Zeit von Ihnen getrennt ist. Außerdem ist das Immunsystem des Welpen noch nicht so stabil: Zu viel Trubel, Stress und Aufregung können der Gesundheit und der Psyche schaden.

Auch mehrstündige Einkaufsbummel mit der Familie sollten noch so lange warten, bis das Kerlchen diesen Touren sowohl körperlich als auch mental gewachsen ist.

Nutzen Sie Ihren Jahresurlaub, um sich intensiv mit Ihrem neuen Familienzuwachs zu beschäftigen und eine stabile Beziehung aufzubauen. Das wird sich in den kommenden zehn oder 15 Jahren auszahlen.

Der Alltag wird von den Bedürfnissen des Welpen bestimmt. Mehrmals täglich füttern und Gassi gehen, der Besuch von Welpengruppen und das Durchführen kleiner Übungen, viele kurze Spieleinheiten, Schmusestunden und natürlich Ruhephasen für den Welpen sollten in den Alltag einbezogen werden, was mitunter ein wenig Organisationstalent erfordert.

Sind Sie Welpen-Fit?

Einen Welpen aufzunehmen, ist eine große Verantwortung. In den ersten Monaten werden die Weichen für sein weiteres Leben gestellt. Ihr Engagement entscheidet wesentlich darüber, ob aus dem Zwerg ein ausgeglichener Vierbeiner wird, der entsprechend seiner Veranlagung gefördert und gefordert wird, der sich souverän neuen Situationen stellt, verträglich mit Artgenossen und Menschen umgeht und der gemeinsam mit Ihnen seinen Alltag erlebt.

Der Welpe sollte unbedingt die Möglichkeit haben, seine Umwelt zu erkunden.

Sind Sie Welpen-Fit?

Stellen Sie sich folgende Fragen, bevor Sie sich an diese Herausforderung wagen. Wenn Sie alle Fragen mit »ja« beantworten, kann man Ihren künftigen Welpen nur beglückwünschen.

- [ ] Kann ich die Zeit aufbringen, mich intensiv mit dem Hund zu beschäftigen?
- [ ] Besitzen die für die Erziehung auserkorenen Familienmitglieder die nötige Reife, die Konsequenz und das Durchsetzungsvermögen?

- [ ] Biete ich dem Hund dauerhaft genügend Kontakt zu Artgenossen?
- [ ] Bin ich bereit und habe ich die finanziellen Möglichkeiten, gegebenenfalls Hundetraining zu absolvieren?
- [ ] Macht es mir Spaß, den Vierbeiner entsprechend seiner Veranlagung zu fördern und zu beschäftigen?
- [ ] Ist es für mich selbstverständlich und bin ich finanziell in der Lage, alle gesundheitlichen Vorsorgemaßnahmen durchzuführen und bei einer Erkrankung die tierärztliche Behandlung zu sichern?
- [ ] Freuen sich alle Familienmitglieder auf den vierbeinigen Zuwachs und sind sie bereit, sich um ihn zu kümmern?

- [ ] Wird der Hund im Urlaub an meiner Seite bleiben können oder in dieser Zeit anderweitig gut untergebracht sein?

- [ ] Kümmert sich jemand um den Hund, falls ich aus gesundheitlichen oder beruflichen Gründen, beispielsweise wegen einer Geschäftsreise, kurzzeitig nicht dazu in der Lage sein sollte?

- [ ] Wird der Hund in der Welpenphase kaum und später nicht mehr als vier bis fünf Stunden täglich allein sein müssen?

- [ ] Werden sich eventuell bereits vorhandene Hunde oder Katzen erwartungsgemäß mit dem Welpen vertragen oder sich zumindest mit ihm arrangieren?

- [ ] Bietet mein Auto dem ausgewachsenen Hund genügend Platz?

- [ ] Lassen die Wohnverhältnisse die Hundehaltung zu und ist der Vermieter damit einverstanden? (Sie sollten sich eine schriftliche Einverständniserklärung geben lassen.)

- [ ] Macht es mir Spaß, mich für meinen Hund schlau zu machen und seine »Sprache« zu lernen?

- [ ] Bleibt der Hund ein Hund und wird nicht als ein »putziges vierbeiniges Kind mit Pelz« betrachtet?

- [ ] Ist gewährleistet, dass kein Familienmitglied allergisch auf Hundehaare reagiert?

- [ ] Bin ich bereit, mehrmals täglich bei Wind und Wetter mit meinem vierbeinigen Kumpel spazieren zu gehen?

Gibt es Zweifel?

Sind Sie bei einigen Fragen ins Grübeln gekommen, sollten Sie sich überlegen, ob jetzt wirklich der richtige Zeitpunkt gekommen ist, um ein Hundekind aufzunehmen. Vielleicht können Sie momentan nicht die Zeit aufbringen, die mit der Erziehung eines Hundes verbunden ist, eventuell lässt die Wohnsituation noch zu wünschen übrig oder Sie wollen sich noch etwas besser auf ein »Hundeleben« vorbereiten. Dann sollten Sie sich die nötige Auszeit gönnen und sich die Fragen zu einem späteren Zeitpunkt noch einmal stellen. Möglicherweise sind dann die Umstände für den Einzug eines jungen Vierbeiners günstiger.

Wenn Sie jedoch alle Fragen zum Wohle des Hundes beantwortet haben, sind Sie ein echter »Hundemensch«.

Die erste Hürde ist genommen, doch nun steht Ihnen eine große Entscheidung bevor: Welcher Hund soll an Ihrer Seite leben?

Tipp

Wenn Sie in einer Zwei-Zimmer-Wohnung leben, muss das noch lange kein Ausschlusskriterium für einen Berner Sennenhund oder Neufundländer darstellen. Viele Menschen wünschen sich für ihre 65 m^2-Wohnung einen kleinen Hund, aber ein Jack-Russell-Terrier kann durchaus 10-mal aktiver sein als ein großer Hund. Viele Menschen meinen: Kleiner Hund bedeutet wenig Arbeit, aber das ist ganz gewiss nicht so. Oftmals ist der »Riese« ruhiger als der kleine »Wirbelwind«.

Die Wahl des richtigen Hundes

Berufen Sie den Familienrat ein, überlegen Sie gemeinsam und schreiben Sie auf, was Sie von Ihrem Hund erwarten. Wollen Sie Sport mit ihm treiben? Gibt es viele Treppen im Haus, die der Vierbeiner steigen muss? Möchten Sie viel Zeit in die Fellpflege investieren oder haben Sie es lieber kurz und praktisch? Wünschen Sie sich einen Hund, der an Ihrem Bein klebt und nur auf Ihr nächstes Signal wartet oder können Sie sich eher eine etwas selbstständigere Hundepersönlichkeit vorstellen, die ihren »eigenen Kopf« hat? Leben Sie in einem Haus oder teilen Sie sich Flur, Treppen, Aufzug und Wände mit Nachbarn, die sich an Schmutz oder Gebell stören können? Schreiben Sie einfach alles auf, was Sie von Ihrem Hund erwarten.

Die »inneren« Werte zählen

Leider werden Hunde noch viel zu oft nach Ihrem Äußeren ausgesucht und ihren »inneren Werten« wird viel zu wenig Beachtung geschenkt. Doch gerade diese sind ein wichtiger Hinweis dafür, wie sich Ihre gemeinsame Zukunft gestalten wird. Veranlagungen und Bedürfnisse gehören zu einem Hund, genau wie Fellfarbe oder Größe, und machen einen Teil seiner Persönlichkeit aus. Aber es spielen auch der Umgang mit dem Hund und seine Erziehung eine entscheidende Rolle im Hinblick auf seine Entwicklung.

▸ Verschiedene Rassen

Sie sollten sich mit verschiedenen Rassen bzw. Hundetypen auseinandersetzen – auch wenn Sie einen Mischling wollen. Jede Rasse wurde ursprünglich für eine bestimmte Aufgabe gezüchtet und auf ihre Eigenschaften und Fähigkeiten selektiert. Die Aufgabe, die eine Rasse früher hatte, bestimmt auch heute noch in vielen Punkten das Verhalten der Vierbeiner und ist der Schlüssel zu einem besseren Verständnis. Warum hat der Dackel ständig die Nase am Boden? Warum apportieren Retriever gern? Warum gehen Neufundländer mit Wonne ins kalte Wasser? Warum will der Border Collie seinen Sozialverband zusammenhalten? Warum begegnet ein Owtscharka Besuchern misstrauisch? All diese Fragen und noch viele andere lassen sich ganz schnell beantworten, wenn man sich mit der Geschichte der jeweiligen Rasse befasst. Dadurch erhalten Sie auch Anhaltspunkte, ob ein Hund einer Rasse sich eher an einen einzelnen Menschen bindet oder gleich die ganze Familie ins Herz schließt, ob er eher ein gemütlicher Typ ist oder ein unermüdlicher Quirl. Das Wissen über die jeweilige Rasse kann Ihnen später bei der Erziehung weiterhelfen.

Die Aufgabe, die eine Rasse früher hatte, bestimmt auch heute noch das Verhalten der Vierbeiner. So wird es den Neufundländer immer zum Wasser ziehen, der Herdenschutzhund will sein Grundstück bewachen und der Dackel bekommt die Nase kaum vom Boden.

Natürlich kann eine Rassebeschreibung keine statische Aussage über jeden Hund dieser Rasse geben, dazu sind diese Geschöpfe viel zu einzigartig. Es wird immer wieder Typen geben, die vom Standard abweichen, sei es im Äußeren oder in ihren Veranlagungen und »Hobbys«. Doch eine Rassebeschreibung kann neugierig machen und Anlass geben, einen Hundetyp genauer unter die Lupe zu nehmen, beispielsweise durch Fachbücher, durch Gespräche mit Haltern, Züchtern und Hundefachleuten.

▶ Rüde oder Hündin?

Nach der Wahl der Rasse sollten Sie sich für das Geschlecht des Hundes entscheiden. Ob der Hund eine enge Beziehung zu Ihnen eingeht, hängt nicht von seinem Geschlecht ab, sondern in erster Linie von Ihrem Engagement, das Sie ihm und seiner Erziehung entgegenbringen beziehungsweise von der jeweiligen Hundepersönlichkeit.

Wägen Sie ab, ob Rüde oder Hündin.

Doch es gibt natürlich auch gewisse Unterschiede zwischen den beiden Geschlechtern.

RÜDEN ▶ Im Rassevergleich sind Rüden meist größer und schwerer als die etwas zierlicheren Hündinnen.

Einige erwachsene Rüden markieren »ihr« Gebiet sehr ausgeprägt. Das bedeutet, dass sie ihr Revier mit Urin abgrenzen. Das kann schon lästig sein, wenn der Kerl alle zehn Meter stehen bleibt und sein Bein hebt. Durch Erziehung kann man ihm jedoch durchaus beibringen, wo es erlaubt ist und wo nicht.

Wenn junge Hundemänner in die Pubertät kommen (etwa zwischen dem fünften bis achten oder neunten Lebensmonat), kann es passieren, dass sie auf allen passenden und unpassenden Gegenständen aufreiten, sei es das gute Sofakissen oder der große Teddy der Tochter. Hier sollten dem Halbstarken unbedingt Grenzen gesetzt werden, vor allem, weil aufreiten nicht immer mit Sexualität zu tun hat, sondern auch Imponiergehabe sein kann oder durch Aufregung ausgelöst wird.

Rüden können gerade bei Begegnungen mit anderen Rüden den Macho herauskehren. Doch selten kommt es bei diesen Raufereien zu ernsthaften Verletzungen. Meistens handelt es sich um Auseinandersetzungen, in denen sich die Hunde »positionieren«, und diese sehen bedrohlicher aus, als sie tatsächlich sind.

Rüden gelten landläufig als schwerer händelbar als ihre weiblichen Artgenossen. Sicherlich lässt sich das so

din nicht gedeckt wird. Je nach Rüdenaufkommen in der Nachbarschaft beziehungsweise deren Erziehung kann dies jedoch mühsam bis fast unmöglich sein. Eventuell muss man sich während dieser Zeit darauf einstellen, mit dem Auto Spazierwege abseits der üblichen Routen aufzusuchen, um von aufdringlichen Hundeverehrern verschont zu bleiben.

Rüden können schon mal von zu Hause ausbüxen, wenn eine gut riechende Hündin unterwegs ist.

Einige Hündinnen leiden unter sehr ausgeprägter Scheinträchtigkeit. Dieser hormonelle Zustand, der dem Körper eine Trächtigkeit vorgaukelt,

Häufig markieren Rüden »ihr« Territorium.

pauschal nicht sagen, denn das ist sehr individuell und auch eine Frage der Erziehung. Tatsache ist, dass den Rüden häufig ihre Hormone in die Quere kommen, die es ihnen manchmal schwer zu machen scheinen, sich auf den Menschen zu konzentrieren.

Es gibt Rüden, die jede Gelegenheit nutzen, von zu Hause auszubüchsen, um einer läufigen Hundedame ihre Aufwartung zu machen. Diese Streuner verleihen ihren Sehnsüchten lautstark Ausdruck, was sehr zu Lasten der Zweibeiner in der Umgebung gehen kann und zudem eine Menge Stress für den Rüden bedeutet!

HÜNDINNEN ▶ Sie werden im Alter von sechs bis zwölf Monaten das erste Mal läufig, was sich von nun an regelmäßig etwa alle sechs, sieben, acht Monate wiederholt. Die Läufigkeit dauert ca. drei Wochen. Für den Halter, der keinen Nachwuchs möchte, bedeutet dies, Verantwortung zu zeigen und dafür zu sorgen, dass seine Hün-

tritt bei allen Hündinnen auf, jedoch oftmals für den Halter unbemerkt. In der schweren Verlaufsform kann dies der Hündin sehr zu schaffen machen und den Menschen viele Nerven kosten. Der Vierbeiner zeigt Verhaltensänderungen, schleppt Spielsachen durch die Wohnung, ist unruhiger oder schläft plötzlich viel und will nicht mehr mit Ihnen joggen. Die hormonellen Schwankungen können für die

Wo ein Welpe groß wird, da werden es auch zwei? Weit gefehlt! Bei zwei Youngstern geht die Erziehung leider nicht in einem Rutsch, sondern der Aufwand verdoppelt oder potenziert sich.

Hündin Stress bedeuten, können müde machen oder zu Aggressivität führen. In dieser Zeit setzen sie beim Spaziergang häufiger Urin ab. Auch wenn es sich nicht um eine Krankheit handelt, leiden manche Hündinnen unter der Scheinträchtigkeit.

Generell lösen sich Hündinnen beim Spaziergang nicht so oft wie Rüden, doch es gibt auch einige selbstbewusste Damen, die durch Pinkeln ihr Territorium markieren.

Fazit: Egal, ob Sie sich für einen Rüden oder eine Hündin entscheiden – schlussendlich sind die angeborenen und erworbenen Eigenschaften entscheidend. Auch unsere Erziehung und unser Umgang mit dem Hund ist ausschlaggebend für sein Verhalten.

Welpen im Doppelpack?

Viele künftige Hundehalter wissen, dass sie später zwei Vierbeiner halten wollen und überlegen deswegen, ob sie gleich zwei Welpen kaufen sollen. Andere können sich einfach nicht zwischen zwei süßen Knirpsen entscheiden und spielen mit dem Gedanken, einfach beide mitzunehmen. Von der Anschaffung zweier Welpen möchten wir jedoch dringend abraten. Es ist schon sehr schwer, sich neben dem normalen Alltag auf einen Welpen zu konzentrieren, ihn zu erziehen, zu fördern, zu beschäftigen und eine innige Beziehung aufzubauen. Bei zwei Youngstern geht dies nicht etwa in einem Rutsch, sondern der »Aufwand« verdoppelt beziehungsweise potenziert sich. Sie sollten mit jedem Welpen einzeln trainieren, mit ihm spielen und schmusen. Sie müssten darauf achten, dass sich die Kleinen nicht zu eng aneinander, sondern in erster Linie an Sie »binden«. Sonst kommen sie später vielleicht beide nicht, wenn sie gerufen werden, weil sie zu sehr miteinander beschäftigt sind.

Es ist auf alle Fälle besser, erst einen Welpen aufzunehmen und wenn dieser zu einer stabilen Hundepersönlichkeit mit solidem Grundgehorsam und einer guten Beziehung zum Menschen herangewachsen ist, einen zweiten Kumpel dazuzugesellen.

Die Qual der Wahl

Nachdem Sie aufgeschrieben haben, welche Eigenschaften Sie von Ihrem Hund erwarten, können Sie diese nun mit den Informationen zu den einzel-

nen Rassen vergleichen, die Sie durch Lektüre und Gespräche gesammelt haben. Bald wird sich zeigen, zu welcher Rasse oder welchem Mischlingstyp Sie tendieren, und vielleicht wissen Sie schon ganz genau, welcher Vierbeiner es sein soll.

Wer jedoch unsicher ist und sich nicht entscheiden kann, sollte die Möglichkeit in Anspruch nehmen, sich von einer Fachperson beraten zu lassen. Diese kann Sie kompetent auf dem Weg zum Erwerb des Welpen begleiten, angefangen von der Entscheidung für die passende Rasse oder einen Mischling bis zur Auswahl eines bestimmten Hundes. Lassen sie sich zu den Aufzüchtern begleiten, sodass Sie die Begebenheiten konkret besprechen können.

Der Welpe wird ausgesucht

Lassen Sie sich Zeit

Alle möglichen Zweifel sind ausgeräumt und Sie haben den Entschluss gefasst, Ihr Leben mit einem Hund zu teilen – damit beginnt eine spannende Zeit! Doch trotz aller Vorfreude und Ungeduld: Gerade jetzt ist ein klarer Kopf gefragt. Der neue Mitbewohner wird die nächsten zehn bis fünfzehn Jahre an Ihrer Seite bleiben, wählen Sie ihn mit Bedacht aus und lassen Sie Ihr Herz und Ihren Verstand sprechen.

Viele Menschen nehmen mehr Zeit, Wege und Aufwand auf sich, um ein Auto zu kaufen, als den richtigen Welpen zu finden. Dies mag daran liegen, dass ein Blechvehikel mehrere tausend Euro kostet – also ein Vielfaches des Welpenpreises. Doch bei der Anschaffung des Welpen geht es um viel mehr als um Geld, es geht um ein Geschöpf, das sein Leben mit Ihnen teilen und im besten Fall Ihr Freund wird und Ihnen bedingungsloses Vertrauen entgegenbringt. Den Grundstock dafür legen Sie bei der Auswahl. Deswegen sollten Sie sich möglichst viele Optionen offen halten, Welpe(n) und »Anbieter« genau unter die Lupe nehmen und erst nach reiflicher Überlegung entscheiden – Spontankäufe sind hier fehl am Platz!

Ein Welpe vom Züchter

Der Züchter wird Ihr Ansprechpartner sein, wenn es ein Welpe einer bestimmten Rasse sein soll. Am besten schauen Sie sich mehrere Züchter an, um Vergleiche anstellen zu können. Es gibt verschiedene Möglichkeiten, Züchteradressen in Erfahrung zu bringen.

Beobachten Sie in aller Ruhe Welpen und Hundemutter.

Ein seriöser Züchter ist einem Verein angeschlossen. Diese Vereine erteilen eine Zuchtzulassung, begutachten die Unterbringung der Hunde und ein Zuchtwart kontrolliert jeden Wurf – erst dann wird die Ahnentafel ausgestellt. Diese Vereine gehören meist einem Verband an, zum Beispiel dem Verband für das Deutsche Hundewesen (VDH). Dort bekommen Sie die Adresse der Zuchtvereine Ihrer Wunschrasse und von den Vereinen wiederum erhalten Sie Adressen von Züchtern.

Sie können natürlich auch im Internet stöbern, viele Züchter stellen ihre Zucht auf einer Homepage vor.

Bei einer Ausstellung oder einer Prüfung können Sie Züchter und Hunde live erleben. Dort haben Sie die Möglichkeit, mehrere Züchter kennen zu lernen, sich mit ihnen zu unterhalten und einen ersten Eindruck zu gewinnen.

Ideal ist es, wenn ein Züchter von begeisterten Haltern seiner Zöglinge empfohlen wird, beispielsweise Hundebesitzern aus Ihrem Bekanntenkreis.

Bei der Auswahl eines Welpen stehen Gesundheit und Sozialverträglichkeit an erster Stelle.

▸ Besuch beim Züchter

Wenn Ihnen nach einem ersten telefonischen oder persönlichen Kontakt der Züchter, sein Umgang mit seinen Hunden und seine »Zuchtphilosophie« zusagen, sollten Sie einen Besuchstermin vereinbaren und sich Menschen und Vierbeiner in ihrem Umfeld ansehen. Denn erst dort können Sie einschätzen, wie viel Engagement der Züchter für die Aufzucht aufbringt und wie sich die Hunde Menschen gegenüber verhalten.

Umgekehrt hat ein guter Züchter ein genauso großes Interesse daran, Sie und Ihre Lebensumstände kennen zu lernen. Eventuell wird er Sie besuchen wollen, um sich ein Bild zu machen. Schließlich möchte er ganz sicher gehen, dass Sie der richtige Mensch für seinen Nachwuchs sind. Er wird sich Zeit für Sie nehmen, Ihnen seine Hunde und deren Unterbringung ausführlich zeigen und sein Zuchtziel erklären. Im Idealfall sollten an den ersten beiden Stellen Gesundheit und Sozialverträglichkeit stehen, erst danach kommen Schönheit, Ausstellungserfolge und die Eignung für bestimmte Gebrauchsaufgaben. Wenn Sie einen Arbeitshund wollen, ist die Leistung natürlich ausgesprochen ausschlaggebend.

Auch wenn es sich Ihrerseits um einen reinen Informationsbesuch handelt, sind Sie herzlich willkommen. Ein guter Züchter wird gern und kompetent all Ihre Fragen beantworten, da es ihn freut, dass Sie mit so viel Sorgfalt an die Auswahl des neuen Familienmitglieds herangehen.

Wie erkennt man einen guten Züchter?

Bei der Auswahl des Züchters sollten Sie auf folgende Punkte achten:

- [ ] Er gibt Ihnen bereitwillig und fachkundig Auskunft und speist Sie nicht mit Phrasen ab.

- [ ] Die Interessenten dürfen die Hunde spätestens ab der vierten Lebenswoche besuchen. So kann sich der Züchter frühzeitig ein Bild von den Interessenten machen. Umgekehrt können Sie die Hunde kennen lernen und die Welpen Sie. Übrigens tragen solche Besuche zur Sozialisierung der Kerlchen bei, denn sie haben Kontakte zu fremden Menschen und sammeln dabei positive Erfahrungen – beste Voraussetzungen, um sich Menschen gegenüber freundlich und aufgeschlossen zu verhalten.

- [ ] Die Hunde sind gepflegt und freundlich zu Menschen. Die Mutter sieht bestimmt nicht gerade wie ein Ausstellungschampion aus, das ist aber bei den Anstrengungen, die die Aufzucht mit sich bringt, normal.

- [ ] Der Züchter kann Ihnen genau erklären, warum er sich für eine bestimmte Verpaarung entschieden hat und ist auch bereit, weite Wege in Kauf zu nehmen, um den passenden Deckrüden für seine Hündin zu finden.

- [ ] Die Welpen können in einem Garten mit vielen Spielmöglichkeiten die »Welt« entdecken, nach Herzenslust miteinander toben und haben dort als Schutz eine Hütte. Sie haben Familienanschluss, leben im Haus und sind nicht isoliert in einem Zwinger oder Stall untergebracht.

- [ ] Ein seriöser Züchter hat maximal einen Wurf zur Zeit, da er genug Zeit und Muße für die Hunde aufbringen möchte, um sich mit ihnen zu beschäftigen.

- [ ] Ein guter Züchter kennt seine Welpen und kann Ihnen zu jedem etwas erzählen. Dazu gehören bisher erkennbare Charaktereigenschaften und auch kleine Anekdoten. Weiß ein Züchter nichts über die Kleinen zu berichten, können sie ihm auch nicht am Herzen liegen.

- [ ] Dem Züchter ist es wichtig, dass Sie ihn über die Entwicklung des Hundes auf dem Laufenden halten und bietet Ihnen an, bei später auftretenden Fragen beratend zur Seite zu stehen.

Weite Wege in Kauf nehmen

Bei der Suche nach einem guten Züchter sollten Sie sich nicht auf Ihre Stadt, Ihre Nachbarorte oder Ihren Landkreis beschränken. Um einen guten Züchter zu finden, lohnt sich der Aufwand, mehrere hundert Kilometer zurückzulegen. Das wird während der ersten Wochen einige Male nötig sein, wenn Sie die Entwicklung Ihres Hundes begleiten möchten. Sehen Sie die dabei aufgewendete Zeit und Strecke als eine Investition in die gemeinsame Zukunft.

Wartezeiten

Welpen sind keine Ware, die man ordert, in ein Regal stellt und bei Bedarf abverkauft. Auf einen Welpen, sei es von einem bestimmten Züchter, aus einer bevorzugten Verbindung oder einer seltenen Rasse, muss man mitunter lange warten, manchmal sogar ein ganzes Jahr. Diese Zeit ist nicht verloren, denn sie bietet Ihnen Gelegenheit, sich intensiv auf den neuen Mitbewohner vorzubereiten, Fachwissen anzueignen und vielleicht auch den einen oder anderen »Trockenkurs«, beispielsweise in Form von Seminaren, zu besuchen. Natürlich wird die Praxis später vieles von dem Gelernten auf den Kopf stellen, dennoch lernen Sie dabei eine Reihe wichtiger Dinge von unschätzbarem Wert. So werden Sie später gezielt auf Ihren Hund und seine Bedürfnisse eingehen können.

Hunde aus dem Tierheim

Es lohnt sich immer, beim Tierschutzverein nachzufragen! Welpen werden zwar schnell vermittelt und die Wahrscheinlichkeit, einen zu finden, ist nicht sehr groß, doch es kommt immer wieder vor, dass ein ganzer Wurf

Arbeits- und Schönheitslinien

Früher wurden Hunde fast ausschließlich auf Leistung gezüchtet, das heißt, das Äußere war zweitrangig, vielmehr kam es darauf an, was sie in ihrem »Job« leisteten. Seit die ersten Rasseclubs gegründet wurden, wurden neben Leistungslinien auch Schönheitslinien (Showlinien) gebildet und auf Ausstellungen nach Aussehen bewertet. Für einen Welpenkäufer, der mit dem Hund nicht in dessen »ursprünglichen Beruf« arbeiten möchte, bedeutet dies, dass er sich nicht für einen Hund aus einer Leistungslinie entscheiden sollte. Diese brauchen meistens viel mehr Beschäftigung als die Hunde, die für die Haltung in der Familie gezüchtet wurden. Das heißt aber auf keinen Fall, dass Hunde aus Schönheitslinien ihr altes Erbe vergessen haben. Bei den meisten kann man ihre ursprünglichen Talente ganz leicht »herauskitzeln«.

oder eine trächtige Hündin abgegeben wird. Die Mitarbeiter eines engagierten Tierschutzvereins werden sich die Mühe machen, die Kleinen mit möglichst vielen Menschen, Tieren und Umweltsituationen vertraut zu machen, um die Welpen bestmöglich auf ihr weiteres Leben vorzubereiten. Wenn Papiere für Sie nicht von Bedeutung sind, lohnt es sich auf jeden Fall nachzufragen. Bei Tierschutzvereinen sind Vor- und Nachkontrollen Gang und Gäbe, denn sie wollen ihre Tiere nicht schnell loswerden, sondern ihnen ein tiergerechtes Zuhause für den Rest ihres Lebens vermitteln.

Welpen aus der Nachbarschaft

Es kommt immer wieder vor, dass in der Nachbarschaft Welpen abzugeben sind. Meist handelt es sich um Welpen aus ungeplanten Würfen, oftmals Mischlinge, seltener Hunde, deren Eltern beide der gleichen Rasse angehören.

Die Bandbreite dessen, was Sie dort erwarten kann, ist riesengroß. Es gibt Hundehalter, die sich der Verantwortung für ihr Tier nicht bewusst sind und ihre Hündin während der Läufigkeit nicht beaufsichtigen. Manche Rüdenbesitzer sind sogar stolz darauf, dass ihr vierbeiniger Macho selbstbewusst durchs Revier streunt und jede »heiße« Hündin beglückt. Es gibt leider immer noch Halter, die ganz bewusst Mischlinge »produzieren« und diese dann gegen Entgelt – meist ohne Aufwand – verkaufen.

Ein Tierheimbesuch kann sich lohnen. Vielleicht finden Sie hier den Kumpel fürs Leben.

Wie auch immer der Wurf entstanden ist, wenn Sie einen solchen Welpen bei sich aufnehmen wollen, sollten Sie darauf achten, dass dessen Menschen das Beste aus der Situation machen und mit Eifer an die Aufzucht herangehen. Auch »Laien« können ihren Welpen einen guten Start ins Leben ermöglichen, wenn sie sich das nötige Fachwissen anlesen und Rat bei ihrem Tierarzt, Züchtern und/oder Mitarbeitern des Tierschutzes holen. Ein ungeplanter Wurf sollte jedoch die Ausnahme bleiben, denn die Tierheime sind voll mit Hunden, die nicht (mehr) gewollt sind und kein Zuhause finden.

Ein dunkler Stall ist nicht die geeignete Aufzuchtstätte für Hunde.

Vorsicht, Hundevermehrer!

Das Image von Züchtern ist angekratzt. Dies liegt, wie so oft, an den vielen »schwarzen Schafen«, die sich leider auch in diesen Reihen tummeln. Doch Züchter ist nicht gleich Züchter und man muss sorgfältig zwischen fachkundigen und engagierten Menschen, die ihre Leidenschaft zum Hob by gemacht haben, und gewissenlosen oder leichtfertigen Vermehrern unterscheiden. Seien Sie sich dessen vorher bewusst! Denn wenn man die kleinen Kerlchen erst einmal sieht oder im Arm hält, fällt es oft sehr schwer zu widerstehen, sogar wenn man erkennt, dass sie die »Produkte« einer »Hundefabrik« sind. Bleiben Sie bitte hart und versuchen Sie nicht, die Kleinen aus Mitleid zu retten, auch wenn es grausam erscheint. Für jeden Profit bringend verkauften Welpen rücken mehrere der armen Wesen nach und dadurch werden noch mehr Hündinnen verdammt, ihr Leben als Gebärmaschinen in dunklen Verschlägen zu fristen.

Auch dem neuen Herrchen wird die Freude am neuen Hausgenossen schnell vergehen: Der vermeintlich günstige Preis rächt sich häufig, wenn der Welpe krank ist und aufwändig und kostenintensiv tierärztlich betreut werden muss – viele von ihnen werden noch nicht einmal ein halbes Jahr alt oder sind ihr Leben lang chronisch krank. Ganz zu schweigen von den Verhaltensauffälligkeiten, die durch die meist isolierte Haltung beziehungsweise die nicht durchdachte Verpaarung entstehen können.

Korrekte Ahnentafel

Auch wenn mit Papieren geworben wird, können diese wertlos sein. Sie zahlen für eine Ahnentafel, die maximal das Papier wert ist, auf dem sie geschrieben wurde. Eine korrekte Ahnentafel zu erkennen, ist für den Laien schwer. Am besten fragen Sie beim zuständigen Dachverband nach, ob »Ihre« Ahnentafel anerkannt ist.

Das Märchen vom »Alphahund«

Bei der Auswahl des Welpen lassen Sie sich bitte nicht von »Hundekennern« irritieren, die gute Ratschläge erteilen, dass man sich bloß keinen »Alphahund« kaufen solle – diesem wird nachgesagt, dass er auf ewig an der Autorität ihres Menschen kratzen wird. Das ist schlichtweg Quatsch! Ein Hund wird nicht als »Alphahund« geboren – es gibt überhaupt keine Alphahunde!

So erkennen Sie unseriöse Züchter

Damit Sie nicht auf solche Vermehrer hereinfallen, sollten Sie die Finger von den Welpen lassen, wenn einer der folgenden Punkte zutrifft:

- ☐ In einem Zeitungsinserat werden mehrere Rassehunde (meist solche, die gerade in Mode sind) sowie »viele nette Mischlinge« angeboten: Die sich meist dahinter verbergenden Vermehrer wissen allerdings, dass man ihnen damit auf die Schliche kommen kann und verteilen ihr Angebot oft auf mehrere Anzeigen in einer Zeitungsausgabe. Deswegen sollten Sie auch die Telefonnummern verschiedener Annoncen vergleichen.
- ☐ Der Anbieter zeigt Ihnen nur die Welpen und Sie haben nicht die Möglichkeit, deren Mutter zu sehen. Manchmal wird statt der Mutter auch einfach eine andere Hündin gezeigt. Mütter erkennt man immer an ihren ausgeprägten Zitzen.
- ☐ Es wird Ihnen verweigert, die Unterbringung der Welpen begutachten zu dürfen.
- ☐ Der Verkäufer kann Ihnen bei Rassehunden nichts über den Vater der Welpen und dessen Charakter erzählen. Die wenigsten Züchter halten zwar ihre Deckrüden selbst und können Ihnen diese zeigen, sollten Ihnen jedoch erklären können, warum sie sich für diesen Hund als Vater der Welpen entschieden haben.
- ☐ Welpen sollten keine Angst haben. Eine gewisse Vorsicht ist bei schüchternen Welpen durchaus normal, doch sie sollte sich schnell legen. Verstecken sich die Kerlchen beim Anblick eines Menschen und sind in ihrer Wachphase durch nichts zu bewegen, aus ihrer Kiste zu kommen, hatten sie bisher wohl kaum Kontakt zu Zweibeinern oder sind viel zu früh von der Mutter getrennt worden.
- ☐ Die Welpen werden schon in der sechsten bis siebten Woche abgegeben. Eine Trennung von der Mutter und den Geschwistern ist zu diesem Zeitpunkt zu früh.
- ☐ Manchmal ist auch alles zu perfekt bei Händlern. Sooooo steril kann es gar nicht sein. Vorsicht: Auch Händler lernen dazu und werden immer geschickter. Nehmen Sie eine kompetente Person mit, die Sie berät, dann kann relativ wenig schief gehen.

Welche Rechte und Privilegien sich der Hund herausnimmt, entscheidet ganz allein sein Mensch. Lässt dieser Konsequenz und Souveränität im Umgang mit dem Vierbeiner missen, wird sich vielleicht auch ein bis dato »scheues Reh« genötigt sehen, vorzugeben wo es lang geht, weil der Mensch es nicht zu können scheint.

Wer die elementaren Grundzüge der Hundesprache nicht beachtet, bekommt mit (nahezu) jedem Hund Probleme!

In welche Richtung sich ein Welpe später entwickelt, hängt u.a. vom Umgang des Menschen mit dem Hund ab.

Es kann durchaus sein, dass ein besonders »kerniger« Welpe später sehr umgänglich ist, weil seine Menschen ihm von Anfang an gezeigt haben, wo die Grenzen sind. Umgekehrt kann das sanfte Kerlchen ein echter Tyrann werden, weil es von seinen Besitzern in jeder Lebenslage verhätschelt und ihm jeder Wunsch von den Augen abgelesen wird. Der Hund erhält dadurch das Gefühl, dass sein Mensch keine »Führungsqualität« besitzt und nicht weiß, wo es lang geht.

Doch diese Führungsqualität benötigt der Mensch, damit der Hund Halt und Orientierung bekommt. Aus Hundesicht braucht der Sozialverband eine klare Struktur. Wenn wir die Spielregeln nicht festlegen, dann wird es der Hund in Kürze tun, obwohl er sich in seiner Rolle meistens gar nicht wohl fühlt.

Dieser Welpe soll es sein

Die Auswahl eines Welpen ist immer emotional und es ist wichtig, dass man sich in einen Welpen »verliebt«. Damit meinen wir jedoch nicht, dass Sie den ersten, der auf Sie oder Ihre Kinder zugelaufen kommt, mitnehmen sollen. Es handelt sich um einen Entscheidungsprozess, in den die Kinder mit einbezogen werden können – allerdings sind sie noch nicht in der Lage zu entscheiden, welcher Hund in die Familie passt.

Vertrauen Sie auf die Einschätzung der Züchter und Welpenbesitzer. Sie kennen die Kleinen von Geburt an, haben ihre Entwicklung begleitet und erleben sie tagtäglich mehrere Stunden. Sie können die kleinen Racker viel besser beurteilen als Sie nach einigen Besuchen von zwei oder drei Stunden. Sie wissen, wer beim Spiel die kleine Nase vorn hat, wer zuerst die Initiative ergreift oder ob ein kleiner Querulant dabei ist, der ständig seine Geschwister piesackt.

Am besten treffen Sie die Entscheidung gemeinsam mit dem Züchter, welcher Welpe Ihr neues Familienmitglied werden soll.

Auswahlkriterien

Grundsätzlich sollten Sie bei der Auswahl des Welpen auf folgende Punkte achten:

- Die Welpen sind munter und gehen ohne Angst auf Menschen zu, es sei denn, sie sind gerade müde oder wachen auf, dann können sie natürlich schläfrig sein.
- Sie sind neugierig und aufgeweckt und spielen außerhalb ihrer Schlafphase miteinander.
- Sie sind gesund. Schauen Sie genauer hin, wenn einer der Kleinen ein Häufchen macht – es sollte wohl geformt sein.
- Die Bewegungen dürfen ruhig noch tollpatschig wirken.

Lahmen, ständiges Kopfschütteln oder Kratzen sowie eine unnormale Körperhaltung sind jedoch Alarmzeichen und können auf eine Erkrankung oder auf Parasitenbefall hinweisen, genau wie Schniefnasen, Ausfluss aus den Augen oder stark verschmutzte Ohren. Fragen Sie nach Impfungen und Entwurmungen und haken Sie nach, welche Krankheiten die Eltern bisher hatten. Lassen Sie sich tierärztliche Untersuchungsergebnisse zeigen, sofern diese vom Rasseverein vorgeschrieben sind. Bei vielen Rassehunden gibt es einen Wesenstest, dessen Ergebnis Sie sich zeigen lassen sollten.

Beschäftigen Sie sich auch mit der Mutter und – wenn vorhanden – mit den Geschwistern. Verhalten Sie sich so, wie Sie sich Ihren künftigen Hausgenossen wünschen? Sind die Hunde freundlich zu Menschen und lassen sie sich auch gern streicheln?

Lassen Sie sich jedoch nicht irritieren, wenn die Mutter ihre Kinder gegen fremde Menschen verteidigt.

Beim Beobachten der Hunde untereinander kann man sehr viel über sie lernen.

Der Einzug rückt näher

Einkaufsliste

Wenn Sie den Welpen abholen, sollte die vollständige Welpenausstattung vorhanden sein. In einem guten Fachgeschäft oder Onlineshop bekommen Sie alles, was Sie brauchen. Achten Sie beim Kauf auf hochwertige Produkte und schließen Sie Verletzungsgefahren für den »Krümel« aus.

▸ Halsband mit Adresse

Fragen Sie den Züchter, welchen Umfang das Halsband für den Welpen haben soll. Wählen Sie ein Modell aus, das dem Welpen jetzt passt, jedoch in der Länge verstellbar ist, damit Sie es während des Wachstums anpassen können und nicht gleich ein neues brauchen. Gut eignen sich Nylonhalsbänder, sie sind weich und angenehm zu tragen. Sie können aber auch ein Lederhalsband nehmen. Kettenhalsbänder sind kalt und unangenehm. Außerdem ziehen sie sich zu, denn der Welpe kann noch nicht ordentlich »bei Fuß« gehen. Dadurch verbindet er das An-der-Leine-Gehen mit einem negativen Erlebnis. Zudem »bimmelt« es neben dem so feinen Hundeohr, sie lassen sich ausschließlich über den Kopf ziehen, sind nicht verstellbar und machen außerdem das Fell kaputt. Bitte wählen Sie lieber ein breites als ein schmales Halsband aus, um den Hundehals zu schonen. Es gibt sowohl Schnallen, als auch Schnappverschlüsse, wobei Schnallen haltbarer sind, denn bei den anderen besteht Bruchgefahr.

Ein Adressanhänger ist wichtig, falls der Kleine einmal ausbüxt, damit der Finder Sie dann schnell benachrichtigen kann. Es gibt sie in verschiedenen Ausführungen. Der Anhänger sollte so klein wie möglich sein, damit er den Welpen durch das Baumeln nicht stört, allerdings sollte er groß genug sein, sodass Ihre Telefonnummer Platz darauf findet. Besonders langlebig sind solche Anhänger, in die die

Ein breites Halsband schont den Hundehals.

Nummer eingraviert wird. Allerdings sollte dieser bitte nicht am Halsband klimpern, denn Hunde hören so gut, dass ein Dauergeräusch direkt neben ihrem Ohr äußerst nervend sein kann. Sie können sich auch für ein Täschchen entscheiden, in das sowohl Ihre Adresse als auch die Hundemarken passen, die am Hund mitzuführen sind.

Lassen Sie Ihren Hund zur Sicherheit in einem Haustierregister aufnehmen, damit er besser identifiziert werden kann, sollte er einmal weggelaufen sein.

Haftpflichtversicherung

Ganz wichtig ist es, eine Haftpflichtversicherung abzuschließen! Der Kleine braucht vor Schreck nur mal einen Satz zur Seite zu machen, schon kann ein vorbeifahrender Radfahrer zu Fall kommen. Deshalb lieber auf Nummer sicher gehen.

Die Leine

Auch hier sollten Sie sich für ein leichtes Modell aus Nylon oder Leder entscheiden. Verstellbare Leinen mit einer Länge von 1,5 oder 2 Meter passen sich vielen Gelegenheiten an. Damit können Sie den kleinen Kerl näher bei sich laufen lassen oder ihm beim Spaziergang etwas Freiraum gewähren.

Schleppleine: Diese 10 Meter lange, dünne Leine leistet Ihnen gute Dienste, wenn Sie z.B. das Heranrufen üben. Ihr Welpe lernt dadurch, sich in einem bestimmten Radius aufzuhalten.

Das Körbchen

Am Anfang reicht im Grunde eine Kiste mit einem weichen Kissen aus. Es kann Ihnen allerdings auch passieren, dass der Welpe die Kiste zum Fressen gern hat ... Sollten Sie sich für einen Korb entscheiden, dann wählen Sie einen aus, der auch dem erwachsenen Vierbeiner genug Platz bietet, damit Sie später keinen neuen kaufen müssen. Legen Sie außerdem Wert auf eine gute Reinigungsmöglichkeit. Das Kissen sollte sich problemlos bei 60 °C waschen lassen.

Ein Weidenkorb lädt zum Knabbern ein.

Kunststoff statt Weide

Im Fachhandel werden verschiedenfarbige Kunststoffschalen angeboten, in die eine waschbare Decke oder ein Kissen gelegt werden können. Sie lassen sich leicht reinigen und sind sehr robust. Ein Weidenkorb wird gerade von jungen Hunden gern »auseinander gepflückt«, wobei sie sich an den spitzen Hölzchen verletzen können.

Kunststoffkörbe halten den spitzen Zähnchen eher stand und sind leicht zu reinigen.

Transportbox oder Kennel

Diese Box ist eine tolle Hilfe für den Transport im Auto, vorausgesetzt der Hund wurde bereits im Vorfeld damit vertraut gemacht. Zudem sollte jeder Welpe lernen, sich ohne Angst und Jammern im Kennel aufzuhalten, denn dies ist nicht nur bei Reisen oder bei einer Übernachtung im Hotel für uns Menschen sehr angenehm, sondern auch für den Hund, der dadurch sein gewohntes Zuhause immer mit dabei hat.

Noch ein Pluspunkt: Gerade nachts ist der Welpe im Kennel gut untergebracht, da er nicht unbemerkt durch die Wohnung turnen kann, um Kabel zu zerkauen oder ein Pfützchen zu machen.

Achten Sie beim Einkauf darauf, dass der Kennel groß genug ist, sodass der Hund darin stehen und sich drehen kann.

Futter und Wassernapf

Es geht nichts über eine gemütliche Hundehöhle!

Sie brauchen einen Futter- und einen Wassernapf. Die Näpfe sollten stabil auf der Erde stehen und so schwer sein, dass der Welpe sie nicht in der Wohnung herumtragen kann. Daher scheidet Kunststoff aus. Ideal sind Steingut oder Keramiknäpfe, die sich leicht reinigen lassen. Auch Edelstahlnäpfe kommen in Frage, sollten aber durch einen Gummirand rutschsicher sein oder in einem Gestell aufgestellt werden.

Das Kauseil bietet sich gut als Spielzeug an.

Das Futter

Fragen Sie den Züchter, welches Futter der Kleine bisher bekommen hat und besorgen Sie sich einen Vorrat für mindestens zwei Wochen. Wenn Sie das Futter umstellen wollen, sollten Sie mindestens so lange warten, denn der Welpe muss so viele neue Eindrücke verarbeiten und sich an sein neues Zuhause gewöhnen, dass wenigstens sein Futter den vertrauten Geschmack behalten sollte. Zudem reagieren viele Hunde empfindlich auf Futterumstellungen und bekommen Durchfall. Verantwortungsvolle Züchter geben Ihnen einen kleinen Sack des bisherigen Futters mit.

Kamm und Bürste

Je nach Haarart brauchen Sie unterschiedliche Utensilien für die Fellpflege des Hundes – fragen Sie den Züchter. Am Anfang reicht eine weiche Naturhaarbürste oder eine »normale« mit abgerundeten Stiften aus.

Kaumaterial

Büffelhautknochen und diverse andere Kauartikel gibt es im Fachhandel in verschiedenen Größen. Sie bieten Beschäftigung, wenn das Alleinsein geübt wird und lenken das Kaubedürfnis während des Zahnwechsels in die richtigen Bahnen. Aber Vorsicht: Nicht alles, was angeboten wird, ist gut und gesund und zu viel des Guten kann auch schaden.

Spielzeug

Überschütten Sie den Knirps nicht mit Spielsachen, sondern lenken Sie seine Aufmerksamkeit auf maximal drei Spielzeuge. Dies können beispielsweise ein Kauseil, ein Quietschtier und ein Stofftier sein. Manche Hundefachleute sind der Meinung, dass einem Hund mit einem Quietschtier die Beißhemmung abtrainiert wird. Auch wenn es quietscht, macht er weiter und spielt und beißt darauf herum. Wenn wir mit ihm spielen, wollen wir jedoch, dass er aufhört, wenn er zu heftig zubeißt. Hunde signalisieren das untereinander meist über einen lauten Schrei, der den anderen in seinem Tun innehalten lässt. Ein Hund kann sicherlich zwischen einem quietschenden Spielzeug und unserem Schmerzenslaut unterscheiden. Er wird, auch wenn er Quietschtiere zur Verfügung hat, lernen, dass sein Spielen Grenzen hat, die spätestens dort anfangen, wo anderen Schmerz zugefügt wird.

Stabiles Spielzeug

Das Spielzeug muss den spitzen Welpenzähnchen standhalten. Am besten werfen Sie immer mal wieder einen Blick auf den Kleinen, wenn er damit spielt, damit er keine Teile davon abbeißt und verschluckt.

Alte Handtücher

Handtücher sollten zu Hause und im Auto immer bereitliegen, um den nassen oder schmutzigen Welpen abzutrocknen. Außerdem unterkühlen die kleinen Kerlchen schnell und können sich erkälten, wenn sie stark durchnässt und die Temperaturen entsprechend niedrig sind und sie sich zudem nicht bewegen können, zum Beispiel im Auto. Gut ist es, immer eine Rolle Küchenpapier dabei zu haben, falls dem Welpen während der Autofahrt schlecht wird.

Des Weiteren gehören Kotbeutel für die Gassigänge zu der Ausrüstung eines jeden Hundehalters.

Früh übt sich: jetzt schon abtrocknen üben, auch wenns Ihnen der »kleine Quälgeist« manchmal nicht leicht macht.

Haus und Garten welpensicher machen

Hundekinder sind neugierig, doch bei ihren Entdeckungstouren lauern viele Gefahren auf sie. Es liegt an Ihnen, dafür zu sorgen, dass das Umfeld abgesichert ist. Im Prinzip ist es ähnlich wie mit einem Kleinkind: Auch das darf nicht unbeaufsichtigt durchs Haus krabbeln und man lässt in seiner Reichweite keine spitzen Gegenstände, Scheren, Messer und Streichhölzer liegen.

▸ Treppen, Türen und Kabel

Treppen Der Entdeckerdrang vieler wagemutiger Youngster wurde jäh gestoppt, als sie die Treppe eroberten – und schmerzhaft herunterfielen. Doch nicht nur Stürze machen Treppen so gefährlich, sie schaden auch den Gelenken und der Wirbelsäule –, vor allem das Herunterlaufen geht auf die Gelenke. Treppen sollten anfangs tabu sein und mit Kinderschutzgittern versperrt werden, es sei denn, Sie trainieren gezielt das Treppensteigen (z.B. in der Welpengruppe).

Für den Welpen macht es keinen Unterschied, ob er sein Kauseil oder den teuren Perserteppich anknabbert.

Ihr Knirps sollte sich in einem abgegrenzten Bereich gefahrlos bewegen können, ohne dass Sie ständig hinter ihm herlaufen müssen, in der Angst, es könnte ihm etwas passieren. Wenn Sie schon dabei sind, sollten Sie auch gleich alle Gegenstände außer Reichweite bringen, die Ihnen lieb und teuer sind. Für den Welpen macht es keinen Unterschied, ob er in sein Spielseil beißt oder in die Troddeln des antiken Teppichs, ob er genüsslich an dem von Ihnen zur Verfügung gestellten alten Latschen knabbert oder an Ihrem neuen Gucci-Schuh.

Türen sollten entweder konsequent geschlossen bleiben oder mit Türstoppern gesichert werden, damit sie nicht im Luftzug zuschlagen und den Kleinen einsperren oder einklemmen können.

Kabel Können elektrische Leitungen nicht durch Abdeckungen oder Hochlegen vor Knabberattacken geschützt werden, ist es Ihre Pflicht, darauf zu achten, dass der Welpe seine Zähne nicht daran erprobt. Achten Sie auch darauf, dass keine Kabel herunterhängen, in denen sich der Welpe verfangen kann, beispielsweise vom Bügeleisen.

▸ Putzmittel, Kinderspielzeug und Co.

Putzmittel Sie sollten immer verschlossen im Schrank aufbewahrt werden. Da Ihr Welpe sowieso noch viele Auszeiten benötigt, können Sie ihn während des Hausputzes in seinem Laufstall oder Kennel unterbringen. Das sollte allerdings nicht länger als eine Stunde dauern.

Unterwerfen Sie auch Ihrem Keller und/oder Ihrer Garage einen Chemikalien-Check, sofern der Welpe Zugang zu diesen Räumen hat. Gibt es dort Lacke, Terpentin, Frostschutzmittel usw., die für den Welpen erreichbar sind? – Ab damit in den Schrank!

Kinderspielzeug ist für Welpen unwiderstehlich und gleichzeitig wegen der vielen Kleinteile gefährlich. Mit dem Einzug des Welpen sollten Ihre Kinder lernen, ihr Spielzeug immer wegzuräumen und nichts auf dem Boden liegen zu lassen – auch in ihrem eigenen Interesse. Das Geschrei ist groß, wenn der Kleine den Lieblingsteddy zerfleddert hat.

Tische und Fensterbänke Spätestens in dem Moment, wo der kleine Vorwitz mit dem Umweg über Hocker, Sofas oder Stühle in höhere Gefilde gelangt, sollten Sie darauf achten, dass auf Tischen und Fensterbänken keine Medikamente, Zigaretten, Batterien, Kugelschreiber, Bleistifte, Süßigkeiten, Kerzen usw. liegen.

▸ Zimmerpflanzen, Blumenbeete und Gartenteiche

Pflanzen Viele Gewächse in Haus und Garten sind giftig (Eibe, Oleander, Blumenzwiebeln, Azalee, Efeu, Geranien, Narzisse, etc.).

Kontrollieren Sie Ihren Garten vorab auf giftige Pflanzen.

Früher oder später wird der Welpe bestimmt auch mal die Blumentöpfe ausräumen wollen. Deshalb verbannen Sie diese am besten ganz aus der Wohnung oder stellen sie so auf, dass der Welpe sie garantiert nicht erreichen kann. Wollen Sie sich im Garten nicht von Ihren Pflanzen trennen, sollte ein stabiler Zaun diese abschirmen. Sie können auch Ihren Kleinen im Auge behalten, um einzugreifen, falls er sich den Blümchen nähert und daran knabbern möchte.

Gartenteich Bleiben Sie in der Nähe, damit Sie sofort eingreifen können, sollte der kleine Kerl Anstalten machen, ans Wasser zu gehen. Er könnte in den Gartenteich hineinfallen oder -springen und ertrinken, wenn der Rand des Gartenteiches zu hoch ist, sodass er aus eigener Kraft nicht mehr ans Land kommt.

Unter Umständen macht es Sinn, Ihren Hund im Garten mit langer Leine – selbstverständlich unter Aufsicht – laufen zu lassen, damit Sie auch aus der Entfernung einwirken können. So vermeiden Sie, immer zum Hund hinzulaufen, wenn Sie ein Verhalten unterbrechen möchten.

Einen Namen aussuchen

Einen Namen für den neuen Gefährten auszuwählen, ist eine sehr persönliche und emotionale Angelegenheit. Über Geschmack lässt sich bekanntlich nicht streiten. Sie sollten einen möglichst kurzen Namen aussuchen, der sich leicht rufen lässt. Lange und komplizierte Namen wie »Miss Independent« sind viel zu unpraktisch und animieren den Welpen nicht gerade dazu, Ihnen seine Aufmerksamkeit zu schenken. Das gelingt Ihnen eher mit Paula, Joschi, Jana, Benny, Lena oder Bibi. Empfehlenswert sind Namen, die auf a, e oder i enden.

Klarheit innerhalb der Familie

Hunde sind ähnlich wie kleine Kinder, sie haben keine Vernunft, wissen nicht, dass Autos gefährlich sind (es sei denn, sie haben schlechte Erfahrungen mit ihnen gemacht) oder dass manche Menschen Angst vor ihnen haben und es nicht angebracht ist, einfach zu jedem hinzurennen und hochzuspringen.

Es liegt an Ihnen, Ihrem Welpen Orientierung zu bieten, welches Verhalten erwünscht und welches unerwünscht ist. Damit geben Sie ihm Strukturen und machen ihm das Leben leichter. Zu viele Freiheiten überfordern ihn und machen nicht unbedingt glücklicher, weil er damit auf sich allein gestellt ist. Kennen Sie das nicht auch von Kindern, die alles bekommen, was sie wollen? Oftmals sind gerade diese überhaupt nicht zufrieden. Ganz im Gegenteil, meist suchen sie immer mehr nach Grenzen und ihr Verhalten ufert aus, weil sie nie reglementiert werden oder wurden.

Regeln formulieren

Bevor Ihr neuer Mitbewohner bei Ihnen einzieht, sollten sich alle an der Erziehung und am Umgang beteiligten Personen zusammensetzen und sich mit folgenden Fragen befassen:

- Wer füttert wann?
- Es dürfen sich alle am Umgang mit dem Hund beteiligen, aber wer ist für die Erziehung, für Welpen und Hundeschule hauptverantwortlich?
- Wer geht mit ihm wann Gassi?
- Wer bürstet ihn?
- Darf er sich in allen Räumen aufhalten?
- Wo soll er schlafen?
- Darf er auf das Sofa, darf er ins Bett?
- Wird er bei Tisch gefüttert?
- Wann bekommt er seine Auszeiten und was ist dabei zu beachten?

Die aufgestellten Regeln gelten für jeden in der Familie. Die Signale sollten immer gleichbleibend sein. Wenn der eine »Hüh« und der andere »Hott« sagt, kann es wohl kaum der Fehler des Hundes sein, wenn die Kommunikation mit ihm nicht funktioniert.

▸ Wer eine Übung beginnt, beendet sie auch

Sie werden sich fragen: »Warum?«

Beispiel: Frau Schmidtmüller ruft nach Bill, der sich aber weiter mit den spannenden Düften am Boden beschäftigt. Herr Schmidtmüller kann irgendwann nicht mehr zusehen, wie der Hund das Rufen ignoriert, ruft auch noch mal und der Welpe kommt gelaufen – was lernt Bill?

Frau Schmidtmüller kann sich nicht durchsetzen und braucht jemanden zur Unterstützung.

Ständiges Hin und Her sollte vermieden werden, wenn man als Familie oder größere Gruppe zusammen ist. Permanentes Ansprechen von verschiedenen Seiten mit unterschiedlichen Signalen (»Guck mal, Bill, Stöckchen, wo ist das Stöckchen?«, »Such, Bill, Bill!«, »Komm her, Bill«, »Schnell an die Seite, ein Radfahrer«, »Such dein Stöckchen«, »Sitz, sitz jetzt, setz dich hin« ...) ist, wie man sich gut vorstellen kann, äußerst verwirrend für einen Hund, der gerade »Menschensprache«, bzw. die Signale der Menschen erlernen soll. Die Signale sollten einheitlich sein. Außerdem sollte klar definiert werden, wer dem Hund wann was zu sagen hat, sonst kann er zwischen den Familienmitgliedern sehr hin- und hergerissen sein, was für den Hund Stress bedeutet.

Der Beginn einer wahren Freundschaft!

Hunde und Kinder

Zur Vorbereitung auf den Welpen gehört auch die Vorbereitung Ihrer Kinder auf den neuen Mitbewohner, und diesbezüglich gilt es, zusätzliche Regeln aufzustellen.

Hunde und Kinder sind eigentlich wie füreinander gemacht. Beide spielen leidenschaftlich gern, sind ausgelassen und das Kind kann dem Hund unter dem Siegel der Verschwiegenheit alles anvertrauen, was es beschäftigt. Allerdings sind Hunde großartige Beobachter: Sie liegen viel, schlafen scheinbar, nehmen dabei jedoch sehr gut ihr Umfeld wahr. Ganz schnell haben Sie die Strukturen innerhalb der Familie durchschaut und außerdem ihre eigenen Erfahrungen mit den einzelnen Familienmitgliedern gesammelt. Sie wissen, wer welche Stellung einnimmt und wer was zu sagen hat. Die Kinder werden immer wieder in ihre Schranken verwiesen (»Setz dich gerade hin!«, »Nein, jetzt nicht!«), wieso sollte »Hund« sich etwas von ihnen sagen lassen, wo sie doch auch Anweisungen erhalten?

Zudem entwickelt sich ein Hund viel schneller als ein Menschenkind. Die Regel, nach der ein Hundejahr sieben Menschenjahren entspricht, ist ein alter Zopf! Mit einem Jahr ist ein Hund je nach Entwicklung des einzelnen Individuums im Vergleich unge-

Hund sein dürfen

Zwischendurch braucht der Hund Gelegenheit, Hund sein zu dürfen, das heißt, dass nicht permanent mit ihm geübt und an ihm herumerzogen wird. Allerdings bedeutet das auch nicht, dass er in dieser Zeit macht, was er will und aus dem Ruder läuft. Er bleibt in Ihrem Visier.

fähr 16 bis 18 Menschenjahre alt! Hunde sehen Kinder nicht als erwachsen und ranghöher an, sondern als ihresgleichen, als Spielpartner eben, und dementsprechend gehen sie auch mit den kleinen Zweibeinern um. Von einem Spielpartner lässt man sich aber nichts sagen, wenn es ernst wird. Hat der Hund einen Ball, so ist dieser vielleicht nicht so bedeutsam für ihn, dass er ihn nicht abgeben mag. Hat er ein leckeres Schweineohr, das ihm wichtig ist, wird er es vermutlich nicht so einfach dem Kind überlassen wollen, wenn es danach greift. Es ist sowieso nicht ganz einfach, das Verhalten von Hunden einzuschätzen, für kleine Kinder ist es umso schwerer und dadurch können sie in gefährliche Situationen geraten. Deswegen ist es unerlässlich, dass Sie von Anfang an Regeln aufstellen, die die ungetrübte Freundschaft zwischen Kind und Hund erhalten. Es gilt, dass sowohl die Kinder vor dem Hund »geschützt« werden sollten, dass heißt zum Beispiel ungestört im Kinderzimmer spielen können, ohne dass der Welpe dazwischen herumhüpft, die Nase in die Wasserfarben steckt und die Puzzleteile stibitzt.

Auf der anderen Seite sollte der Hund »geschützt« werden. Das bedeutet, dass er jederzeit eine Rückzugsmöglichkeit geboten bekommt. Er ist für die Kinder tabu, wenn er sich zurückzieht oder schläft, denn er braucht seinen Schlaf und seine Auszeiten.

▸ Regeln für Kind und Hund

Lassen Sie Ihr Kind niemals mit dem Hund allein. Auch zuverlässige Kinder können mit der Situation überfordert sein, beispielsweise wenn es an der Tür klingelt, der Hund aufspringt und das Kind den Vierbeiner nicht zurückhalten kann. Es kann passieren, dass das Kind die Tür öffnet und der Welpe auf die Straße läuft.

Auch Kinder sollten den korrekten Umgang mit dem Welpen lernen: Auf dem Kopf gestreichelt werden, ist nicht jeder Hunds Sache.

Das Herumschleppen des Welpen macht Kindern viel Freude, dem Hund hingegen meistens nicht.

Lassen Sie das Kind nur mit dem Hund spielen, wenn Sie Muße haben, beide zu beobachten. So haben Sie immer Gelegenheit, zu heftige Spiele abzubrechen.

Kinder dürfen dem Hund weder Kausachen noch Spielzeug wegnehmen! Hunde können nicht sagen: »Hey, lass das, das ist meins!«, und setzen zur Verteidigung auch schon mal die Zähne ein.

Kinder ahmen gern Erwachsene nach und wollen den Hund »Sitz« oder »Platz« machen lassen. Das dürfen sie gern tun, aber bitte nur unter Ihrer Aufsicht, mit vielen Leckerlis und Spaß.

Viele Hunde reagieren mit Vorbehalt auf Kinder, weil sie die Erfahrung gemacht haben, dass mit den kleinen Menschen Schmerzen verbunden sind. Achten Sie darauf, dass das Kind – sei es im ausgelassenen Spiel oder aus Versehen – den Hund nicht an den Ohren, am Schwanz oder am Fell zieht oder ihm auf irgendeine andere Weise Schmerzen zufügt.

Kinder sollten die quirligen Welpen auch nicht herumschleppen. Der Kleine kann herunterfallen und sich verletzen oder Angst vor Kindern bekommen.

Gern können Kinder teilhaben, wenn der Welpe die Welt kennenlernt.

Spielerisch lernen

Immer mehr Hundeschulen bieten spezielle Kurse für Kinder und Hunde an. Dort lernen die jungen Menschen den richtigen Umgang mit dem Vierbeiner unter Gleichaltrigen und haben viel Spaß dabei. Fragen Sie bei den Hundeschulen in Ihrer Nähe nach, ob es dort entsprechende Angebote gibt. Meist sind diese Kurse für 8- bis 12-Jährige oder für Teenager ausgeschrieben. Hat der Hund eine Grunderziehung, dann können die beiden in solchen Kursen tolle Sachen zusammen machen: Agility, Kunststückchen, Dog-Dancing, Waldrallyes, Stadtbesuche usw.

Welpen verstehen

Hunde leben in einer »anderen Welt« als Menschen. Sie haben eine andere Wahrnehmung, Kommunikation und Sicht auf die Dinge, die sie umgeben. Sie kommunizieren zu achtzig Prozent über Körpersprache (ansonsten über Laute wie Bellen und Heulen, Jaulen, Winseln und Knurren) und können mit großen Erklärungen unsererseits nichts anfangen.

Bevor der Welpe bei Ihnen einzieht, ist es wichtig, dass Sie Verständnis für das Erleben eines Hundes entwickeln, nur so können Sie nachvollziehen, wie er sich verhält und sich ihm verständlich machen.

Er wird nie »Menschensprache« lernen. Hunde können Wörter verstehen und assoziieren lernen, zum Beispiel »Sit«, »Platz«, »Hier« – wir werden ihm jedoch keine Zusammenhänge in Form von »Wenn-dann-Sätzen« erklären können.

Wenn wir uns bemühen, »hündisch« zu kommunizieren, werden wir auf diese Art zum eingespielten Team, das sich prima miteinander verständigen kann.

Zunächst wollen wir Ihnen zum besseren Verständnis die Leistung der Sinnesorgane erläutern.

Wie Hunde hören

Im Niedrigfrequenzbereich hören Hunde ähnlich wie wir, sie können aber auch leisere und viel höhere Töne hören, als Menschen wahrnehmen. Der Mensch hört nur bis ca. 20 000 Hz, ältere Zweibeiner oft sogar noch weniger. Das Frequenzspektum des Hundes liegt bei ca. 35000 Schwingungen/Sekunde. Er ist dadurch in der Lage, Töne zu hören, die für das menschliche Ohr im so genannten Ultraschallbereich angesiedelt sind. So ist es für Hunde kein Problem, das Mäuschen unter der Erde piepsen zu hören. Da die Hundeohren beweglich sind, sind sie auch in der Lage, Geräusche sehr genau zu lokalisieren. Die Vierbeiner können sich auf bestimmte Geräusche konzentrieren und andere ausblenden. Das ermöglicht ihnen, aus tiefstem Schlaf aufzuspringen, wenn sie das Rascheln der Leckerchentüte hören. Nehmen Sie Rücksicht auf das empfindliche Gehör Ihres Hundes und halten Sie allzu laute Geräusche möglichst von ihm fern. Es ist unnötig, Hörzeichen zu schreien, er hört sie auch in für uns normaler Lautstärke.

Was da wohl zu hören ist?

So sehen Hunde

Hunde haben die Augen eines Raubtieres. Sie sind vor allem darauf ausgerichtet, Bewegungen (z.B. Beute) in der Entfernung zu erkennen. Ein Hund kann ohne Probleme ein am Horizont entlanglaufendes Kaninchen erblicken, erkennt aber unter Umständen den Hasen nicht, der sich vor ihm in seiner Sasse versteckt. Hunde haben zwar nicht das räumliche Sehvermögen wie Menschen, weil ihre Augen weiter auseinander stehen, überblicken dafür aber ein größeres Sichtfeld, und können auch noch erkennen, was neben ihnen vorgeht. Sie haben ein Blickfeld von 240–270 Grad. Auch nachts übertrifft das Sehvermögen des Hundes das des Menschen.

Entgegen althergebrachter Meinungen können Hunde durchaus Farben sehen, allerdings weniger differenziert als wir Menschen. Ihre Augen können nicht alle Farbbereiche gleich gut erkennen, schwierig ist die Unterscheidung von Rot, Orange, Gelb und Grün. Ihre Augen sind mehr auf Lichtempfindlichkeit (hell/dunkel) ausgerichtet als auf farbliches Sehen.

▸ Der Geruchssinn

Unglaublich sind die Fähigkeiten der Hundenase. Wir Menschen besitzen im Durchschnitt acht Millionen Riechzellen, Hunde etwa 200 Millionen!

Der Bereich im Gehirn eines Hundes, der für das Riechen »zuständig« ist, ist etwa sieben- bis 14-mal größer als beim Menschen. Wenn Sie mit Ihrem Welpen spazieren gehen, strömt eine unglaubliche Duftwelt auf ihn ein. Ob die Spur eines Hasen, die Markierung eines Artgenossen oder der Kuhfladen – all diese Düfte strömen in die Nase des Welpen. Da ist es nicht mehr verwunderlich, dass ein Welpe ganz schnell abgelenkt ist.

Ein Hund kann sogar riechen, ob sein Mensch Angst hat oder unsicher ist, da auch die chemischen Reaktionen des Körpers bestimmte Gerüche haben. Riechen ist für Hunde anstrengende Kopfarbeit – richtige Denksportaufgaben sind da zu bewältigen.

Es bietet sich geradezu an, bereits den Welpen spielerisch viele verschiedene Gerüche wahrnehmen zu lassen. Man kann ganz kurze Minifährten legen und mit großem Spaß für Herrchen und Hund den Geruchssinn trainieren.

Unsere Sinnesorgane können im Vergleich zur Wahrnehmung des Hundes nicht mithalten.

▸ Der Tastsinn

Hunde besitzen einen ausgeprägten Tastsinn. Sie fühlen und erkunden ihre Umwelt mit den Pfoten und den empfindlichen Tasthaaren an der Schnauze, den so genannten Sinushaaren, deren Enden mit besonders vielen Nerven verbunden sind. Niemals dürfen diese Tasthaare einfach abgeschnitten oder geschoren werden! Denn damit nimmt man dem Hund eine wichtige Möglichkeit der Orientierung.

▸ Der Geschmackssinn

Der Geschmackssinn unserer vierbeinigen Freunde ist deutlich schlechter ausgeprägt als der des Menschen, da erheblich weniger Geschmackspapillen auf der Zunge vorhanden sind. Hunde schmecken die Unterschiede süß, salzig und sauer – ähnlich wie wir.

Abholen und eingewöhnen

Abholen und eingewöhnen

Den Welpen abholen

Die letzten Tage vor dem Einzug des Knirpses scheinen ewig zu dauern, und je näher der lang ersehnte Tag rückt, desto langsamer vergehen die Stunden. Sie haben sich ausführlich mit Hunden und ihrer Sprache befasst und machen sich jetzt bestens vorbereitet auf den Weg, um den Welpen abzuholen. Nehmen Sie sich Verstärkung mit, egal ob Sie mit dem Auto oder mit dem Zug unterwegs sind. Ihr Begleiter kann sich um die praktischen Dinge wie fahren, Gepäck tragen etc. kümmern, während Sie die erste Zeit ungestört mit dem Welpen verbringen. Meistens will sowieso die ganze Familie mitfahren, um den Kleinen in sein neues Leben zu begleiten, sodass sich genügend helfende Hände finden. Die beste Tageszeit, um den Welpen abzuholen, ist der späte Vormittag. So hat er, bei Ihnen zu Hause angekommen, noch genügend Zeit, sich in seinem neuen Heim umzusehen.

Wenig Futter vor der Fahrt

Damit der Welpe die Auto- oder Zugfahrt gut verträgt, sollte er nicht direkt davor gefüttert werden. Eine kleine Mahlzeit morgens vertreibt den größten Hunger, den Rest kriegt er dann bei Ihnen zu Hause. Ein guter (Auf-)Züchter wird das sowieso berücksichtigen.

Die erste Autofahrt

Verantwortungsvolle (Auf-)Züchter beginnen schon vor der Abgabe mit dem Autotraining, damit es später keine Probleme gibt. Trotzdem kann es vorkommen, dass dem Welpen übel wird. Halten Sie dafür Küchentücher bereit, um die Bescherung schnell zu entfernen. Natürlich darf der Kleine deswegen nicht geschimpft werden, denn er hat schon genug Stress und kann diese körperliche Reaktion nicht kontrollieren.

Setzen Sie sich bei der Fahrt am besten auf die Rückbank des Autos und legen Sie den Welpen auf Ihren Schoß oder direkt neben sich. Legen Sie zum Schutz Ihrer Kleidung und der Polster ein altes Handtuch oder eine Decke unter.

Um dem Welpen die Unsicherheit zu nehmen, sollten Sie freundlich und

Endlich ist es soweit: Der Welpe kann abgeholt werden!

aufmunternd aber nicht tröstend mit ihm reden. Wenn er schläft, lassen Sie ihn bitte schlafen. Trösten Sie ihn jedoch nicht und verkneifen Sie sich jedes Mitleid, wenn er jammert. Er hat genug Stress durch diese ungewohnte Situation und unsere tröstenden Worte machen es leider nicht besser (s. Kapitel 8, S. 115, Stimmungsübertragung).

Außerdem bekäme er von Anfang an ein falsches Signal: Jammern bedeutet Aufmerksamkeit. Verhalten Sie sich neutral, wenn er quengelt – auch wenn es Ihnen schwer fällt. Wenn er auf Ihrem Schoß sitzen darf, kann er Ihre Nähe und Wärme spüren, damit geben Sie ihm Sicherheit.

▸ Nach Hause ohne Umwege

Fahren Sie auf direktem Weg nach Hause. Kurze Umwege, auch nur um den Neuzugang der Oma oder der Tante vorzuführen, stressen den kleinen Kerl und können ihn überfordern. Das Erste, was er nach der Autofahrt sehen sollte, ist sein neues Zuhause! Dauert die Fahrt länger als eine Stunde, bieten Sie ihm zwischendurch Wasser an, an heißen Tagen auch früher. Bei längeren Autofahrten sollten Sie dem Kleinen natürlich zwischendurch die Möglichkeit bieten, sich zu lösen, also Urin oder Kot abzusetzen. Vermeiden Sie stark frequentierte Raststätten. Dort lösen sich zig Hunde täglich und dementsprechend groß ist die Gefahr, dass sich der Welpe Parasiten oder Krankheiten einfängt. Besser ist es, die Autobahn zu verlassen und ins Grüne zu fahren. Leinen Sie den Welpen beim ersten Gassigang unbedingt an!

Sie glauben gar nicht, wie flink und schnell so ein kleines Kerlchen sein kann, sei es, dass es auf Erkundungstour gehen möchte oder dass es wegen der vielen fremden Eindrücke Angst

Reisegepäck

Haben Sie alles dabei, wenn Sie den Welpen abholen?

- [ ] Passendes Halsband
- [ ] Leine
- [ ] Hundedecke oder altes Handtuch
- [ ] Eine Rolle Küchentücher
- [ ] Kottüten
- [ ] Wassernapf
- [ ] Wasser
- [ ] Gegebenenfalls etwas Futter
- [ ] Ein Tuch, das beim Züchter gelegen hatte und das für ihn bekannte Gerüche trägt

bekommt. Ohne Leine kann der Kleine abhauen, im Gebüsch verschwinden oder einen Unfall verursachen – und das ist nicht nur für ihn lebensgefährlich. Zu lange sollten Sie sich nicht an dem Rastplatz aufhalten. Hat der Welpe sich gelöst und haben sich alle Mitfahrer die Beine vertreten, geht es weiter. Er wurde erst vor kurzer Zeit von seinen Geschwistern und seiner Mutter getrennt – nun braucht er erst einmal Ruhe und keine langen Spaziergänge an einer lauten Straße.

Zu Hause angekommen

Daheim angekommen, führt der erste Weg mit dem angeleinten Welpen zum »Löseplatz«, wo er auch später sein Geschäft verrichten soll. Seine Blase drückt jetzt sicher und er wird vermutlich ganz schnell Pipi machen.

In der Wohnung sollten Sie seinen Bewegungsradius erst einmal einschränken. Die Dimensionen eines großen Hauses würden ihn überfordern. Außerdem wird er sich in nächster Zeit sowieso nicht allein durch die Räume bewegen dürfen, ganz gleich, ob es sich um zwei oder sechs Zimmer handelt. Sie sollten ihn im Auge behalten, ob er an Kabel gehen oder die Tapete abziehen möchte. Zeigen Sie ihm seinen Ruheplatz und den Wassernapf. Lassen Sie ihn erst mal in Ruhe und animieren Sie ihn noch nicht zu wilden Spielen. Es ist aufregend genug, die neue Umgebung zu erkunden.

Die Kontaktaufnahme zu Ihnen hat erste Priorität. Allerdings sollte er nicht mit Leckerlis, Spielsachen und

Übungen überschüttet werden. Hocken Sie sich auf den Boden, um ihm nahe zu sein und reden Sie freundlich und ruhig mit ihm. Jeder Kontakt mit Ihnen soll ein positives Erlebnis sein.

Müder Welpe

Welpen haben nur eine kurze Wachphase und werden schnell müde – vor allem nach so vielen neuen Eindrücken. Sucht der Kleine sich einen Schlafplatz, bringen Sie ihn in sein Körbchen, in seinen Laufstall oder Kennel.

Dort ist idealerweise ein Tuch, das er vom (Auf-)Züchter mitbekommen hat und das vertraut riecht. Bitte bleiben Sie im selben Raum und lassen den Kleinen nicht direkt allein, damit er nicht völlig verunsichert ist, wenn er aufwacht und niemand bei ihm ist.

Wäre der Welpe noch bei seiner Hundemama und den Geschwistern, würde er nachts mit der ganzen Gruppe zusammen schlafen. Es ist also durchaus in Ordnung, ihn mit im Schlafzimmer übernachten zu lassen. Alternativ zu einem Kennel kann der Kleine auch die ersten Nächte in einem großen Laufstall schlafen. Eine Begrenzung hilft sowohl Ihnen als auch dem Zwerg, der dadurch schneller zur Ruhe kommen kann. Ansonsten kann es Ihnen passieren, dass er nachts unbemerkt durch die Wohnung läuft und sich ein Eckchen sucht, um sein Geschäft zu verrichten. Ist er in seiner eigenen »Hundehöhle«, werden Sie merken, wenn er aufwacht und unruhig wird, Sie können dann schnell mit ihm rausgehen, bevor er sich im Wohnbereich löst (s. Kapitel 5, S. 58, Stubenreinheit).

Hundemüde!

Der Kennel bietet dem Welpen eine Rückzugsmöglichkeit.

▶ Der Schlafplatz

Grundsätzlich sollten Hunde in ihrem Körbchen oder auf einer Decke, also auf ihrem Platz, schlafen. Ein Hundeplatz, wie ein Körbchen oder Kennel, ist wichtig, weil er dem Hund eine Rückzugsmöglichkeit bietet. Das gilt insbesondere für Welpen, weil diese ja noch viel Schlaf benötigen. Ein eigener Platz dient dazu, den Hund dort zu begrenzen, wenn Sie zum Beispiel mit ihm von einem Spaziergang durch den Regen nach Hause in das frisch geputzte Haus kommen oder wenn Besuch erwartet wird, der Angst vor Hunden hat.

Schlafen ist wichtig

Wecken oder stören Sie den Welpen nicht, wenn er schläft. Diese häufigen Ruhephasen sind notwendig, damit der Kleine zu einem gesunden und ausgeglichenen Hund heranwachsen kann. Extremer Schlafmangel und häufiges Wecken reduzieren die Leistungsfähigkeit und bedeuten Stress für den kleinen Knirps. Der Welpe kann sich nicht mehr konzentrieren und auf Dauer leidet sogar seine Immunabwehr darunter.

Die ersten Tage

In den folgenden zwei bis drei Tagen sollten wir uns noch mit Einladungen für Besucher zurückhalten, damit der Kleine ausreichend Gelegenheit hat, seine Menschen kennen zu lernen. Danach können sich Verwandtschaft und Freunde dem tierischen Hausgenossen vorstellen – aber bitte nicht in großen Gruppen, denn das wäre für ihn zu viel: Das eine Hundebaby fühlt sich in den Mittelpunkt geschoben, der nächste gerät aufgrund der vielen neuen Eindrücke in Stress und dem letzten macht es gar nichts aus. Bitte versuchen Sie sich in Ihren Hund hineinzufühlen und entscheiden dann, wie Sie sich am besten verhalten. Gönnen Sie dem kleinen Kerl zwischendurch bitte Ruhephasen.

▶ Der erste Tierarztbesuch

In den Tagen nach dem Einzug steht auch ein erster Tierarztbesuch an. Übrigens sollte dieser Besuch wenn möglich ohne Spritze (Impfung usw.) oder schmerzhafte Behandlung ablaufen. Das gibt dem Welpen die Gelegenheit, den Tierarzt in entspannter Atmosphäre kennen zu lernen und das eine oder andere Leckerchen abzustauben. Die folgenden Tierarztbesuche verlau-

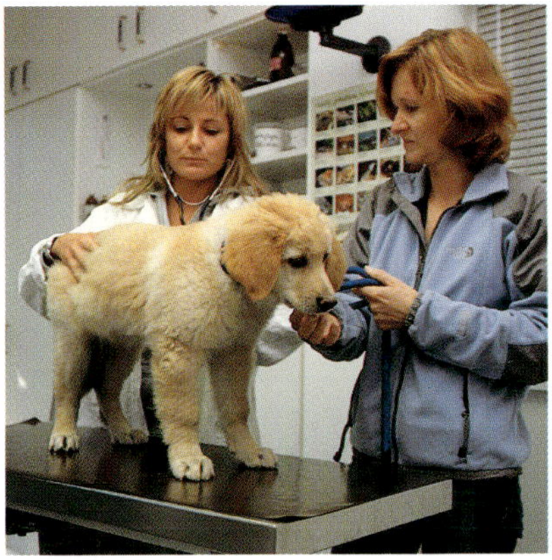

»Das ist aber hoch! Naja, Hauptsache, keine Spritze!«

fen dann meist stressfrei, weil der Welpe diese fremdartige Umgebung in positiver Erinnerung hat. Der Tierarzt wird den Kleinen gründlich untersuchen und gibt Ihnen die Gewissheit, einen gesunden Welpen erworben zu haben.

Hund, Katze, Nager & Co.

Wenn noch andere Tiere bei Ihnen leben, sollte der Welpe natürlich auch diese kennen lernen, schließlich sollen später alle harmonisch zusammenleben. Hier finden Sie einige Tipps:

▶ Eine Katze

Toll ist es natürlich, wenn Ihre Katze bereits »Hundeerfahrung« hat und weiß, wie sie mit diesen andersartigen Vierbeinern umgehen sollte. Das erste Mal sollten sich die beiden in Ihrer Wohnung begegnen. Zuerst darf die Katze an dem kleinen Kerl schnuppern, wenn er zum Beispiel auf Ihrem Arm sitzt. Darf er herunter, muss die Samtpfote unbedingt die Möglichkeit haben, bei eventuellen Aufdringlichkeiten auf ein Möbelstück zu flüchten. Nicht immer sind Katzen von dem neuen Welpen begeistert und ungeschickte Annäherungsversuche können durchaus mit einem Pfotenhieb quittiert werden. Doch nur in ganz wenigen Ausnahmefällen kommt es zu ernsthaften Schrammen.

▶ Ein anderer Hund

Konnten die Hunde sich nicht schon beim (Auf-)Züchter kennen lernen, sollte die erste Kontaktaufnahme draußen – abseits vom Straßenverkehr – stattfinden, möglichst auf einem neutralen Gebiet, das der Große nicht zu seinem Revier zählt. Dort können sich

»Huch! Wer bist du denn?«

die Hunde unvoreingenommen begegnen. Wenn Sie sich nicht sicher sind, wie der ältere Hund reagiert, sollte er mit einer Leine abgesichert sein. Haben die beiden sich bekannt gemacht, gehen Sie zusammen ins Haus. Beobachten Sie die Vierbeiner zunächst, bis Sie ein gutes Gefühl haben. Lassen Sie den Älteren gewähren, wenn er den kleinen Wusel gerechtfertigterweise zurechtweist, indem er ihn anknurrt oder ihn umschubst.

▸ Nager und andere Kleintiere

Ihr Kleiner muss lernen, Kaninchen, Meerschweinchen und Co. zu akzeptieren, auch wenn er ein Nachkömmling einer traditionsreichen Jagdhundfamilie ist. Es ist tabu, die Kleintiere in ihrem Käfig zu bedrängen oder sie beim Freilauf durch die Wohnung zu jagen. Das sollten Sie ihm unmissverständlich klar machen. Lassen Sie den Welpen durch das Gitter Kontakt zu den kleinen Mitbewohnern aufnehmen. Erlaubt ist das allerdings nur unter Ihrer Aufsicht. Sie können auch ein Kleintier auf den Schoß nehmen, damit sie sich näher kommen können, und streicheln beide gleichzeitig, vorausgesetzt, das Kleintier zeigt keine Angst.
Machen Sie jedoch bitte nicht zu viel Aufhebens um die Nager, sonst sorgen Sie dafür, dass sie erst recht interessant und spannend werden. Sie sollten allerdings wie selbstverständlich zum Haushalt gehören.

Gegenseitiges Kennenlernen.

Schließlich muss der »Hund des Hauses« dem Neuzugang seine Regeln aufzeigen. Wenn der Kleine zu aufdringlich ist, kann das auch mal grob aussehen. In der Regel kommt es aber nur so weit, wenn der Welpe die Warnsignale des erwachsenen Hundes ignoriert hat – die Strafe folgt auf dem Fuß. Meist werden Sie danach beobachten können, wie sich der Welpe als Zeichen der Akzeptanz kleinlaut vor seinem großen Kumpel hinlegt oder diesem eifrig die Schnauze leckt.

Spielregeln im täglichen Umgang

Bewährt hat sich folgendes »Prinzip« im Umgang mit Hunden: So positiv wie möglich und so negativ wie nötig. Selbstverständlich gibt es »rote Ampeln«, denn ausschließlich über positive Bestätigung für erwünschtes Verhalten kann man einen Hund nicht zuverlässig erziehen – nicht, wenn man noch andere Dinge im Leben zu tun hat, als sich um seinen Hund zu kümmern und ihm auf Schritt und Tritt zu folgen.

Hunde sind auch nicht nur nett zueinander, maßregeln und prügeln aber auch nicht ständig auf sich ein. Der gesunde Mittelweg ist unsere Devise.

Man kann unterteilen in:

Do's Übungen, die wir mit dem Hund machen (»Hier«, »Sit«, »Platz« ...) und die er korrekt ausführt.

Lob in Form von Stimme, Leckerlis, Streicheln oder Spiel führen dazu, dass unser Welpe motiviert die Aufgaben löst, die wir ihm stellen.

Do's sind aber auch Dinge, die der Hund von sich aus macht, weil sie von uns erlaubt sind, zum Beispiel wenn er sich zum Schlafen in sein Körbchen legt. Das muss allerdings nicht explizit belohnt werden.

Not seen Es gibt viele Verhaltensweisen, die man einfach nicht sehen, also ignorieren sollte, denn sonst ist man ständig damit beschäftigt, dem Hund Aufmerksamkeit zu schenken. Er darf Dinge für sich tun, beispielsweise beim Spaziergang einen Tannenzapfen aufnehmen und mit diesem spielen. Soll er doch machen, es schadet nicht! Das muss in keiner Weise kommentiert werden.

Ignorieren sollten Sie auch, wenn Ihr Hund ein Verhalten anbietet, zum Beispiel wenn er sich vor Sie setzt, weil er sich Futter erhofft. Doch Sie sind keine Futtermaschine, also gibt es nichts.

Jüngere Hunde orientieren sich gern an den älteren, erfahrenen Tieren.

Don'ts Bei manchen »Tätigkeiten« ist Ignorieren nicht mehr ausreichend. Zum Beispiel bei diversen Gartenarbeiten wie giftige Pflanzen kürzen, oder auch Tätigkeiten innerhalb des Hauses wie Tischbeine annagen oder Kabel anknabbern, sollten unterbunden werden.

Nein, er will Sie nicht ärgern, muss aber noch allerhand lernen.

Sinnvolle Übungen, um das Hörzeichen »Nein« einzuüben, finden Sie in Kapitel 5, Seite 84.

Bestimmt noch nicht in den ersten Tagen, aber doch zusehends, wird Ihr Welpe selbstständiger werden und alles Mögliche ausprobieren wollen, was bis zu einem gewissen Grad auch für seine Entwicklung wichtig ist. Wundern Sie sich nicht, auch die »verrückten fünf Minuten« – der Welpe rast wie wild geworden durch die Gegend – gehören dazu. Solange er nichts zerstört und nichts anstellt, lassen Sie ihn ruhig. Irgendwo muss er ja mit seinen Energien bleiben.

Lassen Sie sich nicht einreden, Ihr Hund sei »dominant«. Denn dazu gehören immer zwei, und das vergessen die meisten »Hundekenner«: Nämlich einer, der es probiert, aber vor allem einer, der es mit sich machen lässt.

Wenn Sie Ihrem Welpen frühzeitig deutlich machen, dass Sie das Sagen haben, wird auch der pubertierende oder erwachsene Hund keine Veranlassung sehen, die Führung der »Gemeinschaft« übernehmen zu wollen.

▸ Timing und Intensität

Am besten können unsere Vierbeiner uns verstehen, wenn wir zeitgenau einwirken. Das bedeutet, dass Sie in der Sekunde aktiv werden, in der er etwas tut, was Sie möchten oder etwas, das er unterlassen soll. Neben der richtigen Intensität ist das Timing entscheidend, damit der kleine Kerl einen Zusammenhang herstellen kann.
Wenn Sie zu spät sind, ignorieren Sie kommentarlos, was gerade passiert ist. Das kann beispielsweise der Fall sein, wenn Sie kurz das Zimmer verlassen haben, wieder zurückkommen und den Blumentopf ausgeräumt vorfinden.
Da hilft nur: Alles wegräumen und beim nächsten Mal besser aufpassen. Das bedeutet den Welpen mitzunehmen, ihn in den Laufstall zu setzen oder alles hochzustellen, damit nichts zu Schaden kommen kann.

▸ Vorausschauend handeln

Wir tragen volle Verantwortung für das kleine Kerlchen, ganz gleich ob es darum geht, ihn davor zu schützen, Stromkabel anzuknabbern, beziehungsweise unser und fremdes Eigentum vor ihm zu bewahren.

Sie können viele Parallelen zu einem Kleinkind ziehen: Da wird die Treppe mit einem Kindergitter abgesperrt und in den Steckdosen Sicherungen angebracht. Und unsere guten Teetassen und die Filzstifte bewahren wir außer Reichweite der kleinen Kinderhände auf. Ähnlich sollten sie es mit Ihrem jungen Hund handhaben.

Behalten Sie Ihren Welpen zwar im Blick, doch schauen sie nicht ständig nach ihm. Er wird ganz schnell das Gefühl bekommen, dass Sie auf alles reagieren, was er tut: Auch negative Rückmeldung bedeutet Aufmerksamkeit. Damit machen Sie ihn sehr wichtig, vielleicht sogar zum Mittelpunkt der Familie. Wer wichtig ist, hat auch irgendwann das Sagen oder meint zumindest es zu haben.

▸ Rechtzeitig einwirken

Möchten Sie etwas unterbinden, spielt Ihre Körpersprache eine wichtige Rolle. Rennen Sie schimpfend und gestikulierend zum Hund und beugen sich dabei über ihn, bekommt er unter Umständen Angst vor Ihnen. Sie wirken bedrohlich und unheimlich.

Ihr Hund lernt im Laufe der Zeit, dass er einfach schneller ist als Sie.

Rennen Sie immer wieder schimpfend zu ihm, wenn er etwas »klaut«, Sie aber nicht überzeugend einwirken, wird er irgendwann anfangen, Sachen aus dem Regal zu räumen oder vom Tisch zu holen, um Aufmerksamkeit zu erhalten, und er wird sich die Gegenstände schnell schnappen und wegtragen. Ein lustiges Spiel – zumindest für ihn!

Nach der ersten Eingewöhnung wird Ihr Welpe zusehends selbstständiger und probiert alles Mögliche aus.

Neben der Intensität und dem Timing ist das schnelle Umschalten von Tadel auf Lob sehr wichtig.

Um das zu verhindern, wirken Sie entweder auf Entfernung mit einem energischen »Nein« ein. Lässt Ihr Hund daraufhin ab, loben Sie sofort mit der Stimme. Können Sie ihn jedoch nicht stoppen, dann kann eine Hausleine (eine ungefähr zwei Meter lange dünne Schnur) weiterhelfen.

Sie sollten etwas Vorsicht walten lassen, dass er sich damit nicht verletzt, indem er irgendwo hängen bleibt. Die Hausleine hängt einfach herunter und der Hund zieht sie hinter sich her, wenn er umherläuft. Mit ihrer Hilfe können Sie den kleinen Kerl auch aus Entfernung sofort unterbrechen, indem Sie ihn kurz und schnell mit der Leine wegziehen und Ihr »Nein« parallel dazu ertönt. Danach folgt wieder Ihr Lob. Es mag seltsam klingen, dass Ihr Hund in der Wohnung mit einer Leine herumlaufen soll. Sie werden jedoch schnell feststellen, wie hilfreich diese sein kann, weil Sie Ihre Verbote schnell und erfolgreich durchsetzen können.

Ist das nicht der Fall, überwiegt das »Nein« schnell gegenüber dem viel wichtigeren Lob.

▸ Von Tadel zu Lob

Sie sehen: Wichtig neben der Intensität und dem Timing ist auch das schnelle Umschalten von Tadel auf Lob. Seien Sie in einem Moment streng und ernst, im nächsten aber sofort wieder nett, freundlich und wohlwollend.

▸ Verhalten umlenken

Sie können sein Verhalten auch im Vorfeld umlenken, wenn Sie bemerken, dass er Richtung Regal steuert. Rufen Sie ihn, loben ihn, wenn er kommt, spielen mit ihm, und er hat wahrscheinlich danach gar keine Lust mehr, auf Erkundungstour zu gehen, weil er zufrieden und müde ist.

Hat er doch mal etwas erwischt, so ist es sinnvoll, diesen Gegenstand gegen eines seiner Spielzeuge zu tauschen. Dabei signalisieren Sie allerdings nicht, dass Sie seine »Beute« haben wollen, sondern machen stattdessen ein Spielzeug interessant und spannend. Wenn man dabei glaubwürdig rüberkommt, lässt nahezu jeder Hund fallen, was er gerade trägt.

▸ Schneller sein

Wenn er beim Spazierengehen einen alten Hasenkadaver entdeckt – es liegt ja alles Mögliche herum –, den er besser nicht fressen soll, sollten Sie ihn bereits im Vorfeld im Auge behalten, um ihn im Ansatz unterbrechen zu können, nämlich noch bevor er frisst. Frisst er allerdings schon, und Sie wirken erst nachträglich ein, hat er sein Ziel längst erreicht und Ihre Unterbrechung kommt zu spät. Hier gilt das Gleiche wie im Haus: Rennen Sie schimpfend zum Hund, lernt er schneller zu sein als Sie, also: schnell die »Beute« herunterschlucken oder soviel wie möglich ins Maul nehmen und dann aber nichts wie weg von dem schimpfenden Menschen. Außerdem ist das Vertrauensverhältnis gefährdet: Wenn Ihr Welpe bereits aufgehört hat zu fressen, Sie aber immer noch wütend und emotionsgeladen zu ihm hinstürmen, versteht er nicht, warum. Der bessere Weg ist allemal, dass es gar nicht erst zum unerwünschten Verhalten kommt. Sehen Sie, dass er zielgerichtet auf den Hasenkadaver zusteuert, um bei diesem Beispiel zu bleiben, dann stoppen Sie ihn möglichst früh, spätestens jedoch, bevor er ihn aufsammeln möchte.

Um Misserfolge gar nicht erst auftreten zu lassen, ist es sinnvoll, den Welpen draußen vorerst mit Schleppleine laufen zu lassen (s. Kapitel 5, Seite 67 »Rein ins Leben«). Sehen Sie, dass Ihr Welpe gerade Richtung Hasenkadaver abbiegt, bremsen Sie ihn voher mit einem »Nein!« und angeln Sie ihn mit der Schleppleine weg.

Schleppleinen können Misserfolge verhindern.

Das kann Ihr Welpe lernen

Beizeiten beginnen

Je früher wir mit der Erziehung anfangen, desto besser und einfacher ist es. Einige »Hundeexperten« meinen, Hunde müssen erst einmal ihre Kindheit genießen, doch wann sollen wir denn dann beginnen? Wenn er zum Teenager herangewachsen ist und uns »auf dem Kopf herumtanzt«? Dann hat er bereits eine Menge gelernt, auch ohne dass wir gezielt dazu beigetragen haben. Zum Beispiel beim Spaziergang: »Jogger scheinen sehr interessant zu sein!«, und: »Klasse ... Pfützen«. In der Wohnung: »Wie öffne ich nur den gut duftenden Mülleimer?«, »Oh, ist das aber ein schöner Schulranzen!« und »Juchu, Besuch – nur für mich!«

Soll er erst eine Menge Unsinn lernen, bevor wir mit dem neun Monate alten Schnösel zum Erziehungskurs gehen? Lenken wir es doch lieber gleich in die richtigen Bahnen! Damit haben sowohl wir als auch der Welpe es leichter, weil wir später nicht mühsam die erworbenen Unarten korrigieren müssen.

Mit 16 Wochen kann ein Welpe übrigens problemlos die folgenden Übungen ausführen: »Hier«, »Sit«, an durchhängender Leine laufen, »Nein«, und auch schon ein paar Minuten warten.

Wie Sie all das trainieren können, lesen Sie auf den folgenden Seiten.

Individuelle Trainingswege

Jeder Hund ist eine eigene Persönlichkeit und hat seinen eigenen Charakter. Deswegen sollten die Erziehungswege immer individuell auf das Tier abgestimmt werden – sie sollten sowohl zum Menschen als auch zum Hund passen. Es gibt nicht ***den*** richtigen Weg. Die hier beschriebenen Trainingsvorschläge dienen als Anregungen zum Üben.

Stubenreinheit

Anfangs hat der kleine Kerl noch keine Kontrolle über Blase und Darm. Bewusstes Kontrollieren von Urin- beziehungsweise Kotabsatz beginnt im Alter von zehn bis zwölf Wochen. Wirklich abgeschlossen ist die Entwicklung, die im Zusammenhang mit körperlicher und geistiger Reifung steht, in der Regel mit vier bis sechs Monaten.

Generell kann man davon ausgehen, dass Hunde ihren Wohn- und Lebensbereich sauber halten, sobald alle Räume als zugehörig erkannt sind, die erforderliche körperliche und geistige Reife entwickelt ist, um auf den nächsten Spaziergang zu warten. Als Ausnahme gelten Hunde, die über das Alter von sechs Monaten hinaus nicht

Na, was hat sie vor? Am Boden schnuppern? Dann wird es wohl Zeit!

die Möglichkeit hatten, sich entfernt ihres Schlaf und Futterplatzes zu lösen, beispielsweise in engen Boxen rund um die Uhr eingesperrt waren.

Unsere heutigen Wohnbereiche, einschließlich Garten, sind im Verhältnis zur Körpergröße des Welpen überdimensional groß. Vergessen Sie nie, dass es sich bei dem Knirps noch um ein Hundebaby handelt. Er muss erst lernen, dass der gute Teppich keine Hundetoilette ist.

Zudem ist das Fassungsvermögen von Blase und Darm noch gering. Außerdem muss bei dem Welpen erst »der Groschen fallen«, dass die Geschäfte ab sofort draußen erledigt werden sollen.

▸ Gut beobachten

Mit aufmerksamer Beobachtung ist das relativ schnell erreicht. Bleiben Sie ruhig und geduldig – kein erwachsener Hund verunreinigt das Haus, wenn er genug Möglichkeiten bekommt, regelmäßig an die frische Luft zu gehen, es sei denn, er markiert innerhalb der Räumlichkeiten.

Eltern von Kleinkindern kämen sicher nicht auf die Idee, von einem menschlichen Kleinkind, das gerade »windelfrei« die Welt erkundet, zu erwarten, dass es große und kleine Geschäfte beliebig zurückhalten kann. Das Gleiche gilt für Welpen. Der eine braucht etwas länger, beim anderen geht es schneller, aber lernen kann es jeder. Als grobe Orientierung gilt: Mit vier Monaten sollte das Hundekind

nachts durchhalten, mit einem halben Jahr ganz stubenrein sein. Und das ist – zu Ihrer Beruhigung – weit gefasst.

Ausrutscher zwischendurch gehören einfach dazu. Haben Sie allerdings das Gefühl, dass Ihr Welpe übermäßig viel trinkt und viel urinieren muss, sollten Sie ihn vom Tierarzt untersuchen lassen.

Info

Grundsätzlich sollten Sie davon ausgehen, dass ein Welpe nach jedem Fressen, Trinken, Schlafen und nach Aufregung beziehungsweise während des Spielens »nach draußen« muss!

Schnell nach draußen

Wenn der Welpe muss, zählt jede Sekunde – er muss dann auf der Stelle und nicht erst in fünf Minuten! Einhalten und einen Moment warten, kann er (noch) nicht. Dabei wird er zuerst versuchen, für ihn wichtige Bereiche wie Spiel-, Futter- und Schlafplatz zu schonen. Ein bisschen hängt das auch von den örtlichen Gegebenheiten ab. Haben Sie die Möglichkeit, den Welpen jederzeit in Ihren Garten zu bringen, erledigt sich vieles von allein. Ist es allerdings Winter und Sie müssen zuerst noch zwei Stockwerke durch das Treppenhaus, sich vorher dick einmummeln, passiert öfter mal ein Malheur und Sie benötigen etwas mehr Zeit und Geduld. Halten Sie Schuhe, Jacke und Leine bereit, damit es schnell geht.

Anzeichen, dass die Blase drückt

Ein deutliches Signal für Sie ist es, wenn der Welpe herumschnüffelt und ein geeignetes Plätzchen sucht, manchmal auch, wenn er winselt. Achtung: Es kann ebenso sein, dass es ihm gerade langweilig ist oder kalt oder »der Schuh irgendwo anders drückt« – Welpen »jammern« in allen möglichen Situationen! Das werden Sie jedoch bald unterscheiden können. Einen Moment kann man das Malheur durch Hochnehmen verhindern. Diese kurze Zeitspanne reicht meistens, um ihn schnell nach draußen zu tragen. Erwischen Sie ihn »in flagranti«, heben Sie ihn am besten kommentarlos hoch und bringen Sie ihn ins Freie. Wenn Sie schimpfen und ärgerlich sind, wird er möglicherweise heimlich sein Geschäft in der Wohnung verrichten. Negative Emotionen sind hier völlig fehl am Platz, sie zerstören das gerade aufkeimende Vertrauen und verunsichern den Welpen. Nach draußen gebracht kann es ein Weilchen dauern, bis das Geschäftchen fortgeführt wird, denn durch das Hochheben wurde der Schließmuskel stimuliert.

Luna musste mal ganz schnell raus!

▸ Pipi auf Kommando

Hilfreich ist es, die »Aktion« direkt von Anfang an mit einem Hörzeichen zu kombinieren. Hockt sich Ihr Hundekind hin und pieselt, können Sie »Mach Bächlein« oder »Mach Pipi« sagen und loben ihn dann. Das muss keine »Hurra–er–hat–gepinkelt–Party« sein! Manche Welpen verkneifen es sich dann wieder und kommen schnell zu Ihnen gelaufen, um zu sehen, was los ist. Oder man macht das Pinkeln durch das Loben so wichtig, dass Ihr Kleiner sich immer und immer wieder hinsetzt, um Aufmerksamkeit zu erhalten – auch solche Fälle gibt es.

Nach ein paar Wiederholungen hat er das Hörzeichen in seiner Bedeutung verstanden. Nun können Sie es sagen, bevor er sich hinhockt und damit beschleunigen, dass er sich schnell eine passende Stelle sucht. Das hilft Ihrem Welpen ungemein, schnell stubenrein zu werden. Im Übrigen ist das auch später ganz praktisch: Sind Sie in Eile und wollen Ihren Hund nur schnell rauslassen, damit er seine Geschäfte erledigen kann, können Sie ihn direkt dazu auffordern.

▸ Kommentarlos entfernen

Das Malheur im Haus bzw. in der Wohnung wird kommentarlos entfernt. Ein Welpe wird NIEMALS, wie früher üblich, mit der Nase in seine Hinterlassenschaft geschubst! Auch das ist ein alter, sehr alter Zopf!

Bitte kommen Sie ihm zuvor, statt darauf zu warten, dass er sich meldet. Schnell lernt er, dass er für Winseln und Jaulen Aufmerksamkeit erhält. Stellen Sie sich nachts den Wecker, um Ihren Welpen nach draußen zu bringen. Sie werden bald merken, wann er

Zuhause ist es sicherer

Anfangs wird es immer wieder passieren, dass der Welpe, kurz nachdem Sie vom Gassi gehen wieder Zuhause angekommen sind, in die Wohnung macht. Warum das?

Sie waren lange genug draußen, aber er wollte einfach nicht? Der Grund ist meist Folgender: Viele Welpen fühlen sich draußen noch sehr unsicher in der ihnen fremden Welt. Kaum kommen sie nach Hause, tritt ein Gefühl der Entspannung und der Sicherheit ein. Genau richtig, damit sie nun ganz in Ruhe ihr Geschäft erledigen können. Andere Welpen sind einfach so sehr mit den ganzen Eindrücken beschäftigt, dass sie schlichtweg vergessen, dass sie müssen. Ähnlich geht es Kindern manchmal, wenn sie spielen.

Lassen Sie sich von diesem Verhalten bitte nicht beirren und gehen Sie weiterhin regelmäßig mit dem Welpen raus. Er wird dieses Angebot im Laufe der Zeit nutzen und verstehen, was Sie von ihm wollen, wenn er insgesamt sicherer und gelassener wird und mehr Vertrauen aufgebaut hat.

»Kein Problem! Das ist ja schnell weggewischt.« Wenn ein Missgeschick passiert ist, beseitigen Sie es kommentarlos.

länger durchhält und Sie die Zeiten ausdehnen können. Wenn Sie ausschließlich auf sein Signal zum Beispiel in Form von Fiepen warten, dann lernt Ihr Hund, Sie damit zu beschäftigen, zur Terrassentür zu laufen, um in den Garten zu dürfen. Das Pinkeln hat dann nur noch »Alibifunktion«. Irgendwann stellt er sich vor die Tür und signalisiert: »Hallo, kann mich mal jemand in den Garten lassen?«

Einem erwachsenen Hund reicht es aus, wenn er sich drei bis vier Mal am Tag lösen kann. Diese regelmäßigen Gassigänge sollten Sie ohnehin einplanen. Hat er einmal Durchfall und muss ganz dringend, werden Sie es merken – das versprechen wir Ihnen!

Klappt es mit der Stubenreinheit, können Sie die Zeitabstände langsam vergrößern, bis Sie spazieren gehen, sodass Ihr Hund nach und nach länger einhält.

Haben Sie einen Garten und wollen, dass Ihr Hund sich später nicht mehr dort löst, sollten Sie ihn so schnell wie möglich nicht mehr im Garten machen lassen. Je länger er sich daran gewöhnt, umso selbstverständlicher wird es für ihn sein, seine Geschäfte dort zu verrichten.

Gute Organisation

- Wie und wo lagere ich benötigte Utensilien, sodass wir möglichst schnell im Garten ankommen? (Morgenrock, Schuhe, Halsband und Leine, Kottüte)
- Zu welchen Uhrzeiten kommen die Häufchen? Vor oder nach dem Fressen?
- Wie oft muss mein Welpe Pipi? Ist er vorher ruhelos, schnüffelt herum etc.?
- Gute Läufer und Teppiche sollten vorerst in Sicherheit gebracht werden.

Mit Leckerchen, ...

Vor lauter Aufregung

Manche Hunde, vor allem Welpen, urinieren, wenn sie jemanden begrüßen oder wenn sie begrüßt werden. Das passiert vor lauter Aufregung, ist aber auch ein Zeichen von Unterwürfigkeit. In solchen Fällen ist es ratsam, die Begrüßung so ruhig wie möglich abzuhalten, der Welpe sollte am besten ignoriert werden, um seine Aufregung nicht noch zu fördern, beziehungsweise man geht ganz einfach vor die Tür. Somit vermeidet man auf einfache Weise, dass man anschließend putzen muss. Meistens legt sich dieses Verhalten mit zunehmendem Alter, solange wir cool damit umgehen.

Alleine bleiben

Toll ist es natürlich, wenn Sie eine Oma, eine Nachbarin oder eine andere Person haben, die den Welpen gut kennt und die sich zumindest in der ersten Zeit während Ihrer Abwesenheit um den Knirps kümmern kann.

Er sollte dennoch recht schnell lernen, allein zu bleiben – je länger er sich daran gewöhnt, dass immer jemand da ist, desto schwerer wird ihm das Allein bleiben mit zunehmendem Alter fallen.

Das Problem für Hunde besteht darin, dass wir sie meistens bei uns haben und sie daran gewöhnt sind mitzugehen. Wenn wir beispielsweise zum Arzt müssen oder zum Friseur, kann der Kleine nicht mit, was ihn völlig aus der Bahn wirft.

Daher gilt es, Situationen zu schaffen, mit denen Sie beide leben können.

Wohnbereich für Welpen

Gewöhnen Sie Ihren Zwerg von vornherein an einen kleinen Wohnbereich innerhalb des Hauses, den er kennt und in dem er sich wohl fühlt. Dort sollte er sich weder verletzen können, noch Gelegenheit haben, Ihr Inventar auf Bissfestigkeit zu testen. Bedenken Sie, dass Ihnen schon sehr bald der Zahnwechsel des Welpen bevorsteht.

Seine Decke, etwas zum Kauen, zum Beispiel ein kleiner Büffelhautknochen und unzerstörbares Spielzeug sollten zur Verfügung stehen.

Nach einigen Eingewöhnungstagen kann man damit beginnen, ihn Schritt für Schritt an diesen Wohnbereich (das kann auch der Kennel oder Laufstall sein) zu gewöhnen und anschließend ans Allein bleiben. Halten Sie sich immer wieder mit dem Welpen dort auf, füttern Sie ihn, schmusen oder spielen Sie mit ihm, damit dieser Bereich für ihn angenehm wird und nicht nur verlassen sein bedeutet.

Rituale vermeiden

Lassen Sie keine Rituale entstehen, damit der Hund nicht kombiniert: »Mein Mensch macht sich fertig, zieht Schuhe und Jacke an, steckt den Schlüssel

... Ruhe und Geduld wird der Welpe an die Hundebox gewöhnt.

ein ...! Klasse, wir gehen gemeinsam spazieren!«

Das Üben beginnt im Alltag, gehen Sie immer mal wieder kurzfristig aus dem Zimmer. Oder ziehen sich Schuhe und Jacke an – und setzen sich anschließend an den Frühstückstisch. Ja, Sie haben richtig gelesen! Damit vermeiden Sie, dass Ihr Hund bereits in Aufregung gerät, wenn Sie sich zum Weggehen vorbereiten. Denn auf diese Rituale reagieren viele Hunde sehr gespannt. Es entsteht eine Unruhe, die weder für den Hund noch für den Menschen angenehm und auch gar nicht notwendig ist.

▸ Auszeiten für den Welpen

Steht Ihr Welpe ständig im Mittelpunkt und findet permanent Beachtung, wird er größere Schwierigkeiten damit haben, das Allein sein zu akzeptieren. Schaffen Sie von Beginn an gezielte Auszeiten, in denen er zur Ruhe kommen soll, während Sie Ihrer normalen Tätigkeit im Haus nachgehen.

Auch wenn er außerhalb seines Ruheplatzes ist, ignorieren Sie ihn bitte immer wieder. Sie sind zwar da, aber stehen dem Zwerg nicht zur Verfügung, weil Sie anderes zu tun haben.

Erledigen Sie Ihre alltäglichen Dinge bitte so selbstverständlich wie möglich. Sind Sie immer für ihn da, wenn er wach und munter ist, dann fällt es umso mehr ins Gewicht, wenn Sie weg sind.

▸ Das Allein-sein-Training

Um das Allein bleiben gezielt zu üben, sollte der Welpe müde sein – das ist definitiv nach dem Besuch der Welpengruppe der Fall –, satt sein und sich vorher gelöst haben. Je normaler Sie mit der Situation umgehen, desto leichter wird es für Ihren Hund sein. Machen Sie also kein großes Aufheben, allein bleiben soll ganz normal und stressfrei werden. Verabschieden Sie sich aus diesem Grund bitte nicht, auch wenn es schwer fällt. Das würde gleichbedeutend sein mit: »Gleich

»Hm, hier muss ich wohl warten!« – Barrieren akzeptieren will gelernt sein.

Spielen?

wird es wieder gruselig, wenn Frauchen so redet, dann geht sie ...« Ignorieren Sie nach dem Verlassen des Raumes jegliches Meckern, Mosern, Jaulen oder Singen! Beschäftigen Sie sich erst einmal mit etwas anderem, und wenn Ruhe eingekehrt ist, gehen Sie wieder zurück, ganz gelassen und so, als wären Sie aus einem anderen Grund in den Raum zurückgekommen. Dann erst, wenn weiterhin Ruhe herrscht und er Sie nicht zu massiv behelligt, schenken Sie ihm wieder Ihre Aufmerksamkeit. Sollten Sie ihn »befreien«, während er jammert, bedeutet das für ihn: »Ich muss nur lang und laut genug rufen, dann kommen die Menschen und holen mich hier raus.«

Übrigens: Ein Stress- oder Angstjaulen erkennen Sie. In diesem Fall sollten Sie natürlich wieder in seine Nähe gehen. Auch hier gilt: Ist er in einem Zimmer allein, betreten Sie kommentarlos den Raum und beschäftigen sich anderweitig. Beachten Sie ihn gar nicht. Er hat dadurch wieder genügend Sicherheit, wenn er Sie in seiner Nähe weiß. Das Ignorieren hat folgenden Grund: Ihr Welpe ist noch ganz außer sich, weil Sie weg waren. Gehen Sie bei der Rückkehr auf ihn ein, bestätigen Sie damit seine Aufregung, das bedeutet für ihn soviel wie: »Mein Mensch ist auch froh, dass wir endlich wieder zusammen sind, die Trennung war so schrecklich!«

▸ Zeiten langsam ausdehnen

Verlassen Sie immer wieder kurz den Raum und schließen die Tür hinter sich. Legen Sie ihm ein getragenes Kleidungsstück, ein altes T-Shirt (vielleicht wird es »Opfer« seiner Zähnchen) hin, dann hat der Kleine zumindest Ihren Geruch und fühlt sich geborgener. Eventuell lassen Sie auch eine CD mit ruhiger Musik laufen, damit Geräusche zu hören sind. Je besser das Allein sein klappt, umso länger wird die Zeitspanne Ihrer Abwesenheit ausgedehnt – in kleinen Fünf-Minuten-Schritten.

Oder fürs Leben lernen?

Es gilt die Devise: Lieber immer mal wieder allein lassen, als nur einmal in der Woche, aber dafür gleich mehrere Stunden. Vielen Hunden fällt es nach dem Wochenende oder nach dem Urlaub schwer, eine Trennung auszuhalten. Lassen Sie ihn bitte auch in diesen Phasen immer wieder allein, und sei es nur kurz, damit die Trennung nach den freien Tagen nicht zu schwer wird.

Beißhemmung

Das, was wir Menschen pauschal als »Spiel« bezeichnen, ist immer Verhalten sozialer Natur. Hunde kommen nicht auf die Welt und können alles, sondern sie testen, probieren und üben Hundesprache, wenn sie Gelegenheit dazu haben. Hierbei werden unter anderem Handlungen aus dem Jagd- und Beutefangverhalten beziehungsweise dem Sexualverhalten eingebaut. Neben dem Spaßfaktor stehen der Ausbau sozialer Fähigkeiten und

Beißhemmung

Sie können sich dieses Verhalten der Welpen zu Nutze machen. Kaut er Ihnen auf der Hand herum oder zwickt er Sie im Spiel zu sehr, lassen Sie einen Schmerzenslaut erklingen und spielen dann weniger heftig weiter. Meist reicht dies aus, um eine behutsamere Spielweise zu erzielen. Sollte das nicht helfen, unterbrechen Sie die Kommunikation, setzen sich an den Tisch und lesen etwas. Auch wenn Ihr Welpe an Ihnen hochspringt, fiept oder knurrt, ignorieren Sie ihn, bis er sich wieder beruhigt hat. Meist ist das viel effektiver, als den aufgeregten Welpen zu maßregeln.
Ist er jedoch sehr heftig und reißt an Ihrer Hose, dann unterbinden Sie dies mit einem »Nein« (siehe Seite. 84).

der körperlichen Fitness im Vordergrund. Deshalb sind Kontakte zu Artgenossen wichtig.

Bei den wilden Raufereien geht es häufig nicht zimperlich zu und man hört dabei auch mal einen Welpen aufschreien, wenn der Kumpel zu fest zugebissen hat. Der Malträtierte beendet dann oftmals das Spiel. So merken die Welpen, dass sie die Kraft ihrer Kiefer mit einer Reaktion des Spielpartners verknüpfen sollten: Ist der Biss zu fest, folgt zunächst ein lauter Schrei, dann wird entweder zurückgebissen und/oder das Spiel wird abgebrochen. Die Welpen lernen dadurch, gemäßigt zuzubeißen – schließlich ist ihnen daran gelegen, dass das muntere Treiben mit ihrem Kumpel fortgesetzt wird.

Treppen steigen

Wenn Sie einen 30 bis 40 Kilogramm schweren Hund später nicht die Treppen hoch- oder heruntertragen möchten oder große Umwege in Kauf nehmen wollen, sollte er lernen, unterschiedliche Treppen (glatte, offene, geschlossene oder sogar Gitterrosttreppen) zu bewältigen. Passen Sie währenddessen auf ihn auf, damit ihm nichts passiert. Bringen Sie Ihrem Welpen das Treppensteigen bei, indem Sie ihn am besten mit Ihrer Stimme und Leckerchen motivieren.

Vorsicht mit dem Treppensteigen!

Rolltreppen hingegen sollten für Hunde wegen der großen Verletzungsgefahr tabu sein. Grundsätzlich ist beim Welpen darauf zu achten, dass er nur wenige Stufen erklimmen muss, denn dies kann den Gelenken und der Wirbelsäule schaden. Gerade größere Hunde leiden häufig an Skeletterkrankungen, die durch das zu frühe Treppensteigen ungünstig beeinflusst wurden. Drei bis vier Stufen sind für Welpen in Ordnung, beim Rest wird er getragen. Steigern Sie die Anzahl der Stufen langsam. Übrigens ist das Trepp-auf-Laufen schonender für die Gelenke als der Weg hinunter, weil das Hinab die Gelenke erheblich staucht. Vermeiden Sie bitte, dass der Welpe bei Ihnen zu Hause ständig Treppen läuft, wie es ihm gefällt.

Auch wenn Ihnen gesagt wird, dass Ihr Hund das erste Jahr getragen werden sollte, geht das bei einem groß werdenden Hund nicht! Tragen Sie Ihren Hund so lang wie möglich. Allerdings macht es keinen Sinn, wenn Sie anschließend Bandscheibenprobleme haben.

Im Handel gibt es rutschfeste Bretter, die man auf die Stufen legen kann. Sie sind im Übrigen auch als Einstiegshilfen fürs Auto erhältlich.

Rein ins Leben – die ersten Spaziergänge

Viele Welpenbesitzer beklagen sich, dass sich der Familienzuwachs in der ersten Zeit weigert, von zu Hause wegzugehen. Das ist völlig normal und leicht zu erklären. Mit seinem »Umzug« hat er alles verloren: Mutter, Geschwister, Bezugspersonen und seinen gewohnten Lebensraum. All dies gab ihm Sicherheit, Geborgenheit und Wärme. Zunächst einmal bietet ihm zunächst einmal Ihre Wohnung Schutz.

Ab der siebten, achten Lebenswoche setzt zudem ein mehr oder minder ausgeprägtes Vorsichtsverhalten ein. Zeitweise überwiegt die Neugier, zeitweise die Unsicherheit. Dieses aufkommende Gefahrenbewusstsein kann in der freien Natur lebensrettend sein! Allerdings weiß der Welpe noch nicht, was wirklich gefährlich ist und was nicht. Dies wird er in der nächsten Zeit mit Ihnen zusammen lernen.

Zufluchtsort Auto

Das Auto wird vom Welpen auch als eine Art Zufluchtsort angesehen. Daraus ergibt sich, dass Sie immer auf der Seite der Straße parken sollten, auf der Sie weiterlaufen oder Ihren Hund angeleint lassen, damit er nicht plötzlich über die Straße rennen kann, wenn er sich erschreckt und dann am Auto Schutz suchen möchte.

▸ Draußen ist es unheimlich

Hat sich der Welpe ein paar Tage eingewöhnt, sieht er Ihre Wohnung als sein neues Zuhause an. Dort fühlt er sich sicher. Sobald ihm etwas unheimlich erscheint, er sich erschreckt, wird er – so schnell ihn seine Füßchen nur tragen und blind für alle Gefahren – nach Hause stürmen wollen. Hat das Kerlchen Vertrauen zu Ihnen gefasst und eine Beziehung aufgebaut, wird es bei Ihnen Schutz suchen.

▸ Angeleint

Im Wohngebiet und in der Nähe von Straßen sollten Sie den Welpen (später auch den erwachsenen Hund) niemals ohne Leine laufen lassen. In diesen Bereichen können Sie ihn an einer ein bis zwei Meter langen Leine führen.

Da ihn jedoch mehr als einige Minuten konzentriertes, korrektes Laufen an der Leine überfordern, bietet sich in Feld, Wald und Grünanlage eine zehn Meter lange Schleppleine an, an der der Kleine Freiheiten genießen darf und trotzdem »unter Kontrolle« ist.

Auch an sicheren Orten, wo sich keine gefährlichen Straßen in der Nähe befinden, sollten Sie den Welpen an der langen Leine lassen. So können Sie rechtzeitig aus der Ferne einwirken, falls er Unrat findet und diesen fressen will (s. Kapitel 5, »Nein«, S. 84).

Das Gute an der Schleppleine: Wenn Jogger, Radfahrer oder Spaziergänger kommen, können Sie die Leine kommentarlos an die Seite nehmen und sich auf das Ende stellen. Die Leine sollte so lang sein, dass sich Ihr Hund noch bewegen kann, und so

Die Schleppleine behindert einen Welpen nicht in seinem Bewegungs- und Erkundungsdrang.

kurz, dass er den vorbeilaufenden oder -fahrenden Personen nicht in die Quere kommen kann. Damit signalisieren Sie den anderen, dass Sie Rücksicht nehmen und ermöglichen Ihrem Welpen erst gar nicht, zu fremden Menschen hinzulaufen.

Auf diese Weise vermeiden Sie hektische Versuche, Ihren frei laufenden Welpen einzufangen. Je aufgeregter Sie sich nämlich in solchen Situationen verhalten, desto spannender werden die »Objekte« für Ihren Hund, was zur Folge haben kann, dass er sie zukünftig genauer unter die Lupe nehmen möchte.

Ansteckungsgefahr

Viele Welpenbesitzer äußern ihre Sorge, der Welpe könne sich beim Gassigehen mit Krankheiten infizieren, weil er noch nicht durchgeimpft ist. Grundsätzlich ist diese Sorge berechtigt, aber rein theoretisch dürfte dann kein Familienmitglied das Haus verlassen oder betreten, kein Wildtier (Kaninchen, Fuchs, Marder, Maus oder frei laufende Katze) Ihr Grundstück queren, denn all diese können Krankheiten und Parasiten übertragen.
Vermeiden Sie zunächst:

- stark frequentierte Auslaufgebiete (nicht alle Hunde sind gepflegt, geimpft und gesund),
- Wasser und Futternäpfe in oder vor Läden und Tierarztpraxen sowie
- ungepflegte und unbekannte Vierbeiner.

Kurze Gänge

Denken Sie bei Ihren Spaziergängen daran, auf die Uhr zu schauen. Fünf bis zehn Minuten Bewegung pro Lebensmonat am Stück und das drei bis viermal täglich reichen aus, sonst werden die Gelenke überbelastet. Das hängt natürlich von der Größe und der Rasse ab, bei groß und schwer werdenden Hunden ist mehr Vorsicht geboten. Hunde haben in kürzester Zeit ihr Endgewicht erreicht und jede zu große Belastung und jedes Kilo zu viel schaden dem Körper. Eine Ausnahme, was die Bewegung anbelangt, stellt das Welpenspiel dar, denn hier findet keine gleichförmige Bewegung statt. Die Welpen flitzen los, kullern über den Boden, raufen, legen sich kurz hin. Zudem gibt es zwischendurch Ruhephasen, wenn die Hunde angeleint werden.

Anschluss halten

Die meisten Welpen versuchen, Anschluss an ihre Familie zu halten, egal ob es sich dabei nun um Hunde oder Menschen handelt. Dieser positive Effekt sollte von Ihnen ausgenutzt und vertieft werden, denn er hält leider nicht lange an: Zum Beispiel wenn der pubertierende Schnösel die große, weite Welt erkunden will und sich deshalb auch mal weiter entfernt oder die Zeit im Spiel mit Artgenossen »vergisst«.

▸ Machen Sie sich interessant

Oft ist es so, dass Welpen ihre Menschen in kürzester Zeit »in der Tasche« haben und sich nicht mehr für »fünf Cent« um ihre Signale kümmern. Doch dem kann man vorbeugen:

Lässt sich der kleine Naseweiß ablenken und passt nicht auf, wohin Sie gehen, sollten Sie sich in Sichtweite verstecken, allerdings so, dass Sie den Zwerg beobachten können. Überprüfen Sie vorher, ob Passanten kommen. Wenn Sie Pech haben, orientiert sich Ihr Kleiner an ihnen. Hunde entwickeln erst nach ein paar Wochen eine engere Beziehung zu ihrer neuen Familie. Zunächst würde der Kleine ebenso mit fremden Menschen mitgehen, es sei denn, es handelt sich um einen ausgesprochen unsicheren Hund, doch dieser würde Sie ohnehin nicht aus den Augen lassen.

Nutzen Sie seine Neugierde aus! Bewegen Sie sich etwas fort – ca. 10 m – er wird bald registrieren, dass Sie nicht mehr da sind. Bleiben Sie erst einmal weg, Sie können laut vor sich hin reden oder singen, damit er eine Orientierung hat. Wenn er nicht gerufen wurde, wird er auch nicht gelobt, wenn er kommt. Sie tun so, als hätten

Wer orientiert sich an wem? Wenn Sie sich dauernd zu Ihrem Hund umdrehen, lernt er, dass sich sein Mensch an ihm orientiert.

Kommen Passanten, Hunde usw. vorbei, stellen Sie sich ganz gelassen auf die Leine, um unnötige Aufregung zu vermeiden.

Sie im Wald wichtige Dinge zu erledigen: Blumen oder Pilze pflücken oder Blätter und Tannenzapfen suchen – umso interessanter machen Sie sich! Damit wirken Sie beschäftigt und nicht so, als würden Sie sehnsüchtig auf Ihren Welpen warten. Das mag zwar ab und zu so sein, doch das sollte er möglichst nicht mitbekommen, denn er lernt sonst: »Mein Mensch wartet ja sowieso auf mich.« Damit wäre jedoch der Mensch derjenige, der sich an seinem Hund orientiert und ihn in Sicherheit wiegt, dass dieser gewiss nicht allein im Wald zurückbleibt. Wenn wir uns dauernd nach unserem Hündchen umdrehen und ihm ständig hinterher rennen, wird er sich seiner immer sicherer und uns im Laufe der Zeit langweilig finden.

Ständiges Rufen wird übrigens schnell zu einer Standortbestimmung. Das bedeutet für den Hund so viel wie: »Ich bin hier, ich bin hier!« und Ihr Vierbeiner wird wissen: »Aha, mein Mensch ist ja da, also kann ich weiterschnuppern.«

Warten lernen

Das Auf-die-Leine-Stellen gilt für alle Situationen, in denen der Welpe warten soll. Würden Sie einen Bekannten treffen und Ihrem Hund »Platz« sagen, so hätten Sie folgende Schwierigkeit: Ihr junger Hund kann vermutlich noch gar nicht lange liegen bleiben und im »Platz« warten. Jetzt müssten Sie Korrekturversuche starten und sich um Ihren Hund kümmern, wenn dieser aufstehen möchte. Das könnte zur Folge haben, dass Ihr Bekannter gelangweilt das Weite sucht.

Oder Sie führen das, was Sie dem Hund gesagt haben, nicht reell zu Ende und so lernt dieser, dass Sie inkonsequent sind. Indem Sie auf der Leine stehen, wird er am leichtesten zur Ruhe kommen. Und er lernt ganz nebenbei, zu warten und nicht immer im Mittelpunkt zu stehen. Es geht hier nur um kurze Zeitabschnitte, er soll nicht stundenlang warten.

Keine Bange: Er wird im Laufe der Zeit ebenso lernen, auf Ihr Signal hin liegen zu bleiben.

Tipp

Wollen Sie sich auf der Straße mit jemanden unterhalten oder sitzen Sie im Restaurant, dann stellen Sie sich einfach auf die Leine, ganz gleich, ob kurze Leine oder Schleppleine, sodass Ihr Hund sich bewegen kann, aber er nicht allzu viel Spielraum hat, und ignorieren Sie ihn.

»Hier«

▸ Warum »Hier« statt »Komm«?

»Hier« ist eines der wichtigsten (aber auch schwierigsten) Signale, denn es ermöglicht, dass er ohne Leine umherlaufen und damit mehr Freiheiten genießen kann.

Soll Ihr Hund kommen, rufen Sie ihn am besten mit »Hier«, denn »Komm« benutzt man sehr häufig im Alltag, oftmals mit anderer Bedeutung: »Komm, geh mal aus dem Weg!«, »Komm, geh ins Auto.« oder »komm mit!« Ihr Welpe hört also vielfach »Komm«, muss es aber nicht im Sinne von Herankommen befolgen. Besser ist es, wenn er von Anfang an ein eindeutiges Signal bekommt, das sonst nicht verwendet wird.

▸ Die Bedeutung muss erlernt werden

Allerdings: Wenn er auf die Welt kommt, weiß er noch nicht, was »Hier« bedeutet. Er kann es lernen, indem wir sein Verhalten mit einem Signalwort besetzen. Ein konkretes Beispiel: Ihr Welpe läuft beim Spaziergang in Ihre Richtung und kommt auf Sie zu. Gehen Sie in die Hocke, lassen Sie den Oberkörper dabei möglichst aufrecht, rufen ihn mit einem langge-

Zeigen Sie ihm immer, dass Sie seine Leistung richtig klasse finden und wertschätzen, z.B. wenn er auf Ihr Rufen hin zu Ihnen kommt.

zogenen »Hiiiiiiier« zu sich und freuen sich überschwänglich, während er sich weiter in Ihre Richtung bewegt und natürlich immer noch, wenn er angekommen ist. Wenn sich andere Menschen verwundert umdrehen, machen Sie es richtig! Lassen Sie sich davon nicht irritieren: Das Einzige, was jetzt zählt, ist Ihr Welpe und der hundegerechte Umgang mit ihm.

Zeigen Sie ihm, dass Sie seine »Leistung« richtig klasse finden und wertschätzen, indem Sie ihn freudestrahlend begrüßen, also auch von der Körpersprache her entsprechend einladend wirken.

Bremsend würden Sie auf ihn wirken, wenn Sie massiv auf ihn zugehen oder sogar rennen, wenn Sie sich ihm entgegen beugen, wenn Sie die Arme nach vorne ausstrecken, um ihn schnell festzuhalten, damit er ja nicht gleich wieder abhaut. Das brauchen Sie gar nicht, denn er wird bei Ihnen bleiben wollen, wenn Sie entsprechend auftreten. Bleiben Sie an der ursprünglichen Stelle oder laufen Sie ein wenig rückwärts, lächeln Sie ihn an, breiten Sie die Arme aus und loben Sie ihn mit der Stimme, beziehungsweise geben ihm Futter, wenn er da ist, und zwar direkt bei Ihnen, sodass er ganz dicht herankommt.

▶ Der Welpe kommt nicht

Kommt der Welpe auf Ihren Ruf hin nicht, versuchen Sie es mit Weglaufen, Weghüpfen und aufmunternder Stimme. Bitte bedenken Sie, dass Hunde mit acht bis neun Wochen noch gar nicht so weit sehen können. Das entwickelt sich erst mit der Zeit!

Trägt er eine Schleppleine, können Sie diese einsetzen, wenn »Plan A« nicht funktioniert. Schnuppert Zwergnase weiter fröhlich vor sich hin und ignoriert Ihren Ruf, laufen Sie mit dem Schleppleinenende in der Hand in die andere Richtung, selbstverständlich auch mit aufmunternder Stimme.

Was es beim Heranrufen zu beachten gilt:

- [ ] Nutzen Sie Situationen, in denen die Wahrscheinlichkeit groß ist, dass er zu Ihnen kommen wird.
- [ ] Üben Sie das Herankommen immer mal wieder zwischendurch und nicht nur dann, wenn Ablenkung vorhanden ist. Ansonsten wird sich Ihr Hund erst einmal umschauen, was denn los ist, wenn Sie ihn wieder rufen. Ob wohl ein Radfahrer oder Jogger oder etwas anderes Interessantes kommt?
- [ ] Besetzen Sie das Herankommen sehr positiv, indem Ihre Körpersprache freundlich ist, Sie ihn mit der Stimme, mit Futter oder einem Spiel belohnen.
- [ ] Rufen Sie ihn auch mit »Hier« zum Futternapf, damit er das Herankommen positiv verknüpft.
- [ ] Als Lob kann auch dienen, dass Sie ihn nach dem Herankommen wieder zum »Objekt der Begierde« laufen lassen: Er spielt mit dem Kind im Garten, Sie rufen ihn ab, er kommt und darf sofort wieder zurück, um weiterhin Spaß zu haben.
- [ ] Rufen Sie ihn immer wieder, auch ohne ihn anzuleinen, sonst bedeutet das Kommen irgendwann: Der Spaß ist vorbei, ich muss an die Leine. Andererseits sollte das An-die-Leine-Nehmen absolut positiv besetzt sein und keine Strafmaßnahme darstellen.
- [ ] Er braucht nicht vorzusitzen, denn das ist wenig einladend. Zudem würde er für das Vorsitzen und nicht für das Herankommen belohnt.
- [ ] Möchte man eine Begleithundeprüfung machen, kann das Vorsitzen später noch beigebracht werden. Hunde können sehr gut zwischen Übungsplatz und Alltag unterscheiden.

Bauen Sie das Heranrufen immer mal wieder in den Übungsalltag ein. Die Wiederholungen helfen dem Welpen, das Hörzeichen zu verknüpfen.

Motivieren sie Ihren Welpen freundlich, während er angeflitzt kommt.

Nun kann der Kleine gar nicht anders, als Ihnen zu folgen. Wichtig ist, dass die Leine sofort wieder locker durchhängt, denn sonst handelt es sich um ein »Heranangeln« des Hundes.

Er wird auch diesmal sofort gelobt, selbst wenn er mit der Leine kurz »erinnert« werden musste.

Bauen Sie das Heranrufen immer mal wieder in den Alltag ein, damit Ihr Welpe das Hörzeichen »Hier« nach einigen Wiederholungen mit dem Kommen verknüpfen kann. Das wird er auch mit Freude tun, wenn eine tolle Begrüßung auf ihn wartet. Bemühen Sie sich, möglichst gleich klingend zu rufen. Schwingen Aufregung und Hektik in Ihrer Stimme mit, kann das den Hund irritieren.

Gestalten Sie Ihr Lob abwechslungsreich, sodass es spannend für ihn bleibt.

▸ Herankommen unter Ablenkung

Üben Sie das »Hier« möglichst immer wieder in ablenkungsfreien Situationen, bis Sie sich ganz sicher sind, dass Ihr Hund zuverlässig zurückkommt. Anschließend können Sie beginnen, ihn unter Ablenkung zu rufen. Sinnvoll ist es, die Ablenkung langsam zu steigern. Beginnen Sie zunächst mit einem gut erzogenen erwachsenen Hund. Sind mehrere junge Hunde unterwegs und Sie rufen Ihren ab, will dieser vielleicht sogar zu Ihnen kommen, doch ein anderer galoppiert hinterher und bremst Ihren aus. Haben Sie jedoch einen gut erzogenen Hund dabei, kann dieser gestoppt, zum Beispiel ins »Platz« gelegt werden und ist damit uninteressanter als ein tobender Junghund. Gibt sich der Mensch jetzt Mühe, den Welpen mit der Stimme

richtig zu motivieren, hat er die besten Chancen, spannender und toller als der vierbeinige Kumpel zu sein. Es ist wichtig, dass man seine Stimme richtig einsetzt. Rufe ich meinen Hund emotionslos und stehe dann »wie zur Salzsäule erstarrt« da, wird der Welpe keine Veranlassung haben zu kommen. In diesem Fall wird er sich beispielsweise eher für den anderen Hund und den Spaß mit diesem entscheiden.

Der Hund spürt, wenn Sie nicht daran glauben, dass er kommt und Ihre Stimme zögerlich und unsicher klingt. Anders ist es, wenn er »angefeuert« und freundlich begrüßt wird.

Entscheidend ist natürlich auch, dass er nach dem Kommen meistens wieder laufen darf, es also seinem Handeln keinen Abbruch tut, wenn er es kurz unterbricht.

»Bei« – An der lockeren Leine

Der Kleine sollte natürlich auch lernen, mit lockerer Leine an Ihrer Seite zu gehen. Dazu verwenden Sie am besten eine kurze Ein-bis-zwei-Meter-Leine. Animieren Sie den Hund mit einer Hand voll Leckerchen und Ihrer freundlichen Stimme dazu, an Ihrer Seite zu bleiben. Nehmen Sie mehrere Leckerlis in die Hand, damit Sie ihm immer mal wieder eins während des Laufens geben können und diese nicht erst mühsam aus der Tasche kramen müssen. Soll Ihr Hund links laufen, halten Sie die Leine in Ihrer rechten Hand und das Futter (am besten etwas Kleines, Weiches, damit Ihr Hund es schnell schlucken kann) in der linken, also in der Hand, die näher beim Hund ist.

Wählen Sie ein Signal aus, beispielsweise »Bei«. Sagen Sie dieses Signal nur dann, wenn der Welpe wie gewünscht neben Ihnen läuft und loben Sie ihn mit wohlwollender Stimme. Freuen Sie sich zu überschwäng-

Das Herankommen soll Spaß machen! Entsprechende Körpersprache und Mimik unterstützen die Übung.

Loben Sie sein korrektes Laufen an lockerer Leine mit Leckerlis und Stimme.

Belohnen Sie Ihren Hund zu überschwänglich und gehen Sie zu forsch, bewirken Sie, dass er schneller wird.

Aufmerksamkeit erreichen Sie mit Hilfe von Richtungswechseln, Zickzack-Gehen und Wendungen.

lich, veranlassen Sie Ihren Hund eher dazu, schneller zu werden, doch Sie möchten ja, dass er ruhig neben Ihnen geht, also loben Sie entsprechend mit ruhiger Stimme.

▸ Wenn er zieht oder trödelt

Bleibt er zurück oder prescht vor, motivieren Sie ihn mit freundlicher Stimme und führen Sie ihn mit Hilfe der »Leckerli-Hand« wieder an Ihre Seite. Die Belohnung gibt es immer nur dann, wenn er sich auf Ihrer Höhe befindet.

Bei der »normalen« Leinenführigkeit geht es nicht darum, dass der Welpe exakt an Ihrer Seite läuft, er soll lediglich nicht an der Leine »herumzappeln« und von rechts nach links zerren und ziehen. Zieht der ungeduldige Knirps an der Leine, können Sie abrupt in die entgegengesetzte Richtung gehen und ihn wieder an Ihre Seite locken. Laufen Sie zickzack oder einige Wendungen und Richtungswechsel, damit der Kleine sich auf Sie konzentriert.

Leinenführigkeit ist für junge Hunde sehr anstrengend. Bitte unterschätzen Sie diese Übung nicht und geben Ihrem Kleinen immer wieder Auszeiten, damit er schnuppern, toben,

Motivieren Sie ihn zu Ihnen zu kommen und loben Sie ihn, wenn er auf gleicher Höhe ist.

laufen und Spaß haben kann. Bauen Sie zwei Minuten Leinenführigkeit ein, machen Sie eine Pause, probieren Sie es dann wieder ein paar Minuten – pro Spaziergang zwei bis drei Mal.

Konzentration ist gefragt

Diese Übung bedeutet nicht nur für Ihren Vierbeiner volle Konzentration, sondern auch für Sie. Gleichzeitige Unterhaltungen mit der Nachbarin oder Telefonate mit dem Handy werden noch nicht möglich sein.

Im Laufe der Zeit sollte Zwergnase zwar lernen, dass die kurze Leine gleichbedeutend mit lockerer Leine ist – auch wenn der Mensch sich unterhält –, aber es wird noch eine Weile dauern, bis er das zuverlässig und über längere Strecken hinweg schafft.

Wenn's mal eilig ist

Es wird Situationen geben, in denen Sie es eilig haben und nicht ständig darauf achten können, ob Ihr Hund ordentlich an Ihrer Seite läuft. Sie können Ihrem Welpen in dem Moment, in dem er zieht, ein Hörzeichen geben, zum Beispiel »Zieh«. Somit verhalten Sie und er sich »korrekt«. Für das »Zieh« wird er allerdings nicht gelobt, sonst verstärken Sie das Zerren an der Leine am Ende noch. Gehen Sie trotzdem unbedingt Ihren Weg und lassen Sie sich nicht vom Hund nach rechts und links ziehen – er braucht nicht an jedem Grashalm zu schnuppern.

Solche Situationen sollte es möglichst selten geben und sie sollten vor allem weniger werden. Lassen Sie Ihren Vierbeiner besser manches Mal zu Hause, wenn Sie es eilig haben, um stattdessen gezielt Spaziergänge für ihn und mit ihm zu machen, bei denen Sie sich auf ihn konzentrieren können. Schließen Sie lieber einen Kompromiss, der auch so aussehen kann, dass Sie ihn tragen, ehe Sie mühsam versuchen, ihn an lockerer Leine zu führen und es nicht funktioniert, weil Sie es eilig haben und unkonzentriert sind.

Ein Welpe lässt sich gut in einem offenen Rucksack oder in einem Babytragetuch vor dem Bauch transportieren, solange er noch nicht leinenführig ist. So gerät er in Menschenmengen auch nicht unter die Füße.

Bedenken Sie, dass Leinenführigkeit für junge Hunde sehr anstrengend ist.

Durch ein Leckerli richtet sich der Kopf nach oben und das Hinterteil geht zu Boden. Sagen Sie nun das Hörzeichen »Sit«.

Immer gleich gesprochen

Häufig sagt man im Alltag »Siiit«, in einer kritischen Situation (der Hund rennt hinter einem Hasen her) schreit man plötzlich »SIT«, dann weiß der Hund aber nicht, was der Mensch meint. Hörzeichen sind deshalb immer gleich auszusprechen, gleich kurz, gleich intensiv, gleich gelassen.

»Sit«

Wir empfehlen das Hörzeichen »Sit« statt »Sitz«, zum einen weil es sich in der Endung besser vom »Platz« unterscheidet und sich zum anderen kürzer und prägnanter als »Sitz« aussprechen lässt.

Für die meisten Welpen ist »Sit« eine einfache Übung: Halten Sie ein Leckerchen zwischen Mittelfinger und Daumen, sodass der Zeigefinger nach oben weist. Das Leckerchen wird an die Nase des kleinen Knirpses gehalten und die Hand langsam nach oben geführt. Richtet sich der Kopf nach oben, geht das Hinterteil zu Boden. Geben Sie das Hörzeichen »Sit«, während sein Hinterteil den Boden berührt und loben Sie, wenn der Hund richtig sitzt. Anfangs sollte er sofort wieder durch ein »Lauf« freigegeben werden, denn der Welpe kann sich noch nicht lange konzentrieren und sitzen bleiben.

Bitte lassen Sie ihm die Chance, sich selbst zu überlegen, was Sie von ihm wollen, anstatt körperlich einzuwirken, indem Sie an der Leine ziehen oder gar das Hinterteil herunterdrücken. Was man sich selbst »erarbeitet«, wird schneller verstanden und bleibt besser im Kopf.

▸ Sitzen bleiben

Der Welpe wird im nächsten Schritt lernen, sitzen zu bleiben (doch das dauert ein paar Tage). Sie geben ihm das Signal »Sit«, er sitzt, Sie loben ihn kurz mit der Stimme, bleiben neben ihm stehen und warten einen Moment. Klappt das, geben Sie ihn mit »Lauf« in Verbindung mit einer ausladenden Handbewegung wieder frei.

Steht er jedoch ohne Ihr Signal auf, korrigieren Sie ihn sofort mit »Sit«. Halten Sie mehrere Leckerchen bereit, damit Sie ihn sofort motivieren können, sich erneut hinzusetzen.

Loben und das Ende der Übung sollten nicht direkt ineinander übergehen, sondern klar voneinander getrennt werden, damit der kleine Kerl nicht meint, Ihr Lob würde die Übung beenden. Machen Sie lieber eine deutliche Pause dazwischen.

Sich vom Hund entfernen

Hat Ihr Hund gelernt, eine Weile sitzen zu bleiben, während Sie neben ihm stehen, können Sie sich versuchsweise von ihm entfernen. Gehen Sie zunächst nur ein paar Schritte weg. Steht Ihr Hund zwischenzeitlich auf, stoppen sie ihn schnell wieder, indem Sie auf ihn zugehen und mit dem dazugehörenden Handzeichen wieder »Sit« sagen.

Hat er sich bereits von der ursprünglichen Stelle entfernt, nehmen Sie ihn an der Schleppleine, in ungefähr einem Meter Abstand vom Halsband, und bringen ihn an die Ausgangsposition zurück. Dort geben Sie ihm bitte erneut das Signal. Zwar sollten Sie grundsätzlich keine Hörzeichen wiederholen, doch wenn er frühzeitig aufsteht, wird er mit einem weiteren »Sit« korrigiert.

Wenn er aufsteht, liegt es meist daran, dass man die Übungsschritte zu schnell gesteigert hat. Sie sollten einen Schritt zurückgehen, neben ihm stehen bleiben, sich nur ein, zwei Meter entfernen, zum Hund zurückkehren und ihn wieder laufen lassen. Keine Angst: Mit regelmäßigem Training können Sie sich bald weiter entfernen.

Später können Sie die Übung festigen, indem Sie im Moment des Aufstehens einen Unmutslaut von sich geben, z.B. ein »Hey«, »Na« oder »Oh-Oh«. Damit wird er unterbrochen und merkt an Ihrem Tonfall, dass das Verhalten nicht erwünscht ist.

Erst Hör- und Sichtzeichen, dann gibt es das Leckerchen.

Vorn übergebeugte Körperhaltung ist für Hunde eher unangenehm. Sie können sich aber im Laufe der Zeit daran gewöhnen.

▸ Was der Mensch vermeiden sollte

Bleiben Sie ruhig und gelassen und vermeiden Sie hektische Bewegungen und Erklärungen nach dem Motto: »Jetzt bleib endlich sitzen, hab ich dir nicht gesagt ..., wenn du jetzt brav sitzen bleibst, bekommst du gleich ein Leckerchen ...«

Wenn Sie ihn ständig loben oder mit ihm reden, während er sitzt, animieren Sie Ihren Welpen durch Ihre Stimme höchstwahrscheinlich zum Aufstehen. Deshalb setzen Sie lieber nur ein kurzes Lob ein, wenn er sich hingesetzt hat. Es handelt sich um eine ruhige Übung. Mit viel Stimmeinsatz wird Ihr Hund beschleunigt. Ablenkung kann später dazukommen.

▸ Zurück zum Hund

Anfangs sollten Sie zu Ihrem Hund zurückgehen, statt ihn abzurufen. Schnelle Hunde werden mit lang gezogenen Vokabeln gelobt (»braaaver Hund, guuuter Junge«), ein ruhigerer Hund darf mit mehreren Worten und etwas mehr Pepp bedacht werden, bis Sie ihn wieder freigeben.

Es ist zwar toll, wenn der Hund angaloppiert kommt, doch das Heranrufen aus dem »Sit« sollte jedoch erst einmal unterlassen werden. Rufen Sie ihn heran, wächst in ihm die Spannung, obwohl er eigentlich ruhig warten soll: »Wann werde ich gerufen, wann werde ich gerufen?«, Außerdem belohnen Sie ihn für das Herankommen und nicht mehr für das Bleiben.

So bauen Sie die Übung auf:

- Ihr Welpe erlernt das Hörzeichen »Sit« in Verbindung mit dem Sichtzeichen.
- Sie verlängern die Dauer, die er sitzen bleiben soll, während Sie neben ihm stehen.
- Sie entfernen sich ein paar Schritte, reduzieren dabei aber wieder die Zeitspanne.

Ist Ihr Hund etwas älter, können Sie die Übung folgendermaßen ausbauen:

- Sie gehen weiter weg und lassen ihn längere Zeit sitzen.
- Sie gehen in die Hocke, sammeln Blätter und Steine, hüpfen, springen, während der Hund sitzen bleiben soll.

Lassen Sie sich und dem Hund Zeit. Denken Sie an ein gutes und zuverlässiges Fundament – das ist viel mehr wert als auf die Schnelle viele Übungen zu erlernen.

Halten Sie Ihre Hand mit dem eingeklemmten Leckerli ruhig unten und lassen Sie Ihren Hund ausprobieren.

Legt er sich hin, folgt das Hörzeichen »Platz« und Ihr Lob.

»Platz«

Es gibt verschiedene Möglichkeiten, dem Hund das »Platz« beizubringen.

▸ Folge dem Leckerli

Der Handrücken der flachen Hand weist nach oben, die Handinnenfläche zeigt nach unten, unter dem Daumen ist ein Leckerli festgeklemmt.

Lassen Sie Ihren Welpen kurz daran schnuppern und führen Sie Ihre Hand langsam Richtung Boden. Viele Hunde legen sich nach einer Weile automatisch hin, um näher an das Leckerli zu rücken und dieses zu erreichen. Seien Sie geduldig und warten Sie, auch wenn es nicht gleich klappen sollte. Halten Sie Ihre Hand ruhig unten und lassen Sie Ihren Hund »nachdenken« und ausprobieren. Wenn er sich schließlich (zufällig) hinlegt, folgt genau in dem Moment Ihr Signalwort »Platz« und Sie loben den Welpen. Will es momentan gar nicht funktionieren, ist der kleine Knirps womöglich satt und strengt sich nicht an, an das Futter zu gelangen, er kann sich nicht mehr konzentrieren oder er traut sich nicht. Werden Sie bitte nicht ungeduldig, er weiß ja nicht, was er machen soll. Sie können ein paar Meter weiter gehen, damit er entspannen kann und versuchen es erneut. Das Gute ist, dass Sie kein Hörzeichen verschenken, da Sie es erst während seiner Handlung sagen.

Tipp

Hörzeichen müssen erst verknüpft werden

Geben Sie dem Welpen, der sämtliche Signale erst erlernen muss, bitte nur dann die Hörzeichen, wenn er die entsprechende Handlung ausführt, nicht schon im Vorfeld. Wenn er auf die Welt kommt, weiß er noch nicht, was »Hier«, »Sit« und »Platz« bedeuten, es bringt nichts, ihm diese Begriffe immer wieder zu sagen und zu hoffen, dass er sie ausführen wird. Er lernt auf diese Weise nur, dass Ihre Signale keine Bedeutung haben und er sie ignorieren kann oder verknüpft sie sogar falsch. Schaut er – während Sie »Platz« sagen – gerade auf das Leckerli und berührt dabei Ihre Hand, kann es sein, dass er meint, »Platz« bedeutet, »ich muss die Hand vom Menschen berühren«. Besetzen Sie eine Handlung immer wieder mit einem Hörzeichen, so können Sie nach mehreren Wiederholungen das Signal vorab sagen.

Der Tunneltrick

Geht der Welpe nicht ins Platz, hilft oft ein »Trick«: Setzen Sie sich auf den Boden, winkeln Sie die Beine an und lotsen Sie den Welpen mit Hilfe von Futter unter Ihren Beinen hindurch. Diese Übung ist auch gut für das Vertrauensverhältnis zwischen Mensch und Hund, da er nah zu Ihnen kommt.

Eine andere Möglichkeit: Ziehen Sie die Belohnung vor ihm auf den Boden unter einem Stuhl oder Ähnlichem durch (Günther Bloch). Der Welpe krabbelt hinterher. Für beide Varianten gilt: Liegt er, kommt Ihr Signalwort »Platz« hinzu, anschließend folgt das Lob und direkt danach das »Lauf«.

Viele Welpen, vor allem jene mit kurzem Fell, mögen sich nicht gern hinlegen, wenn es draußen kalt und nass ist. Da Ihr Hund »Platz« nicht nur in der warmen Wohnung lernen soll, können Sie sich behelfen: Nehmen Sie ein Handtuch oder eine Decke mit nach draußen, auf die sich der kleine Kerl legen kann. So bekommt er keinen kalten Bauch. Natürlich wird das »Platz« später auch ohne Decke geübt.

Viele kurze Trainingseinheiten

Es sollten mehrere kurze Trainingseinheiten in den Alltag eingebaut werden. Bedenken Sie: Es gibt keinen Unterschied zwischen Alltag und Training und es gelten immer dieselben Spielregeln, sonst lernt Ihr Hund nämlich ganz schnell, dass er nur an einer bestimmten Stelle, zu einer bestimmten Tageszeit oder nur in einer bestimmten Situation gehorchen soll.

Lassen Sie den Kleinen zum Beispiel absitzen, bevor er sein Futter bekommt und sich hinlegen, bevor es ein Spielzeug gibt. Variieren Sie die Übung immer wieder, denn so festigen Sie spielerisch den Gehorsam in allen möglichen Situationen. Üben soll Freude machen und nicht als Disziplinierungsmaßnahme verstanden werden. Sie werden den größten Erfolg haben, wenn Sie sich und den kleinen Kerl nicht unter Druck setzen. Wenn Sie ein neues Signal einüben, sollten Sie die Übungseinheit mit einer Aufgabe beenden, die der Welpe sicher beherrscht. So finden Sie ein positives Ende und er kassiert zum Schluss garantiert eine Belohnung.

Auch beim »Platz« gilt: Überbeugen ist für Hunde grundsätzlich nicht so angenehm. Gehen Sie ruhig in die Hocke, um ihn zu loben.

Tipp

Wiederholungen an verschiedenen Orten

Welpen verstehen die Bedeutung von Signalen recht schnell. Damit der Knirps sich diese gut einprägt, sind häufige Wiederholungen und Wechsel des Übungsortes wichtig, Hunde generalisieren nicht, können ihr Verhalten also nicht auf andere Situationen übertragen.

Der »Tunneltrick« hilft oft, dem Welpen das »Platz« beizubringen. Setzen Sie sich dazu auf den Boden, der Welpe ist an Ihrer Seite.

Winkeln Sie Ihre Beine an und halten Sie mit der vom Hund entfernten Hand ein Leckerchen unter Ihre angewinkelten Beine.

Ihr Hund will das Leckerchen haben und kriecht in den »Tunnel«. Ziehen Sie einfach das Futterstückchen weiter.

Liegt der Hund, erfolgt das Hörzeichen »Platz«, er bekommt den Leckerbissen und wird direkt mit »Lauf« freigegeben.
Diese Übung fördert übrigens auch das Vertrauensverhältnis.

Bei dem Signal »Nein« darf er das Leckerli nicht nehmen.

Das Leckerli wird mit dem Signal »Nimm« freigegeben.

»Nein« und »Aus«

▸ »Nein«

Diese Signale können Ihrem Welpen das Leben retten, beispielsweise, wenn er Unrat am Straßenrand fressen möchte, dazu ansetzt, an einem Kabel zu knabbern oder einen kleinen, spitzen Gegenstand im Maul hat. Es ist wichtig, dass Sie diese Signale klar übermitteln: Ein »Nein« ist ein »Nein« und kein »Jein«.

»Wenn Sie »Nein« sagen, soll der Welpe seine Handlung unterbrechen, zum Beispiel wenn er gerade Möbel anfrisst oder hinter einem Pferd herrennt.

»NEIN« TRAINIEREN ▸ Sie halten Leckerlis bereit, am besten etwas Kleines, Weiches. Sie legen ein Leckerli auf Ihre flache Hand und sagen ihm »Nimm«. Er darf es sich nehmen. Anschließend legen Sie wieder etwas auf Ihre Hand und sagen dieses Mal energisch »Nein«, wenn er sich mit seiner Schnauze dem Futter nähert. Parallel dazu schließt sich Ihre Hand, wenn er fressen möchte. Öffnen Sie die Hand wieder und testen Sie, ob er Ihr »Nein« akzeptiert. Sieht er weg, loben Sie ihn mit der Stimme. Viele Hunde meinen, damit wäre es erledigt und zack ist die Hundeschnauze wieder auf dem Weg zum Leckerli. Sollte das der Fall sein, ertönt wieder das »Nein« und die Hand schließt sich. Wenn er darauf reagiert, sich abwendet und Sie ihn mit der Stimme loben können, geben Sie ihm etwas mit »Nimm«, damit es nicht zu einer falschen Verknüpfung kommt – nicht, dass der Hund meint, er dürfe nichts mehr aus der Hand nehmen – bei »Nimm« ist es wieder erlaubt.

Bitte variieren Sie immer wieder. Nicht, dass es einmal etwas gibt, einmal nicht. Es kann auch zwei- oder dreimal hintereinander etwas mit der Aufforderung »Nimm« geben. Er soll schließlich auf Ihre Worte achten und kein Schema, das aus »Ja/Nein«, »Ja/Nein« besteht, entwickeln, sondern explizit auf Ihre Signale reagieren.

Es gibt Hunde, die das Verbot sehr schnell akzeptieren, andere versuchen immer wieder hartnäckig, an das Futter zu kommen. Bitte bleiben Sie konsequent und geben ihm nichts, bis er das »Nein« akzeptiert, sonst würde ihn die Unklarheit nur verwirren.

FESTIGEN SIE DAS »NEIN« ▶
Sie legen ein Leckerli auf den Boden. Wenn der Kleine es fressen möchte, folgt Ihr Hörzeichen und Sie halten zeitgleich den Fuß über das Futter. Nehmen Sie jetzt den Fuß wieder weg und der Welpe will wieder zum Leckerli, versperren Sie ihm erneut den Weg. Das geht so lange, bis er Ihr »Nein« akzeptiert und Sie ihn loben.

Andere Übungsmöglichkeit: Sie haben etwas besonders Leckeres (Käsebrötchen, Wurst etc.) auf dem Spazierweg ausgelegt, sehen, dass Ihr Welpe darauf zusteuert und halten schon vorausschauend die Schleppleine in der Hand. Wenn er das »Futter« erspäht und Anstalten macht, es aufzusammeln, können Sie ihn in diesem Moment mit »Nein« unterbrechen, indem Sie ihn mit der Leine »bremsen«. Sofort danach folgt wieder ... Was? Na? Ja, richtig – Ihr Lob!

»NEIN« MIT SCHNAUZGRIFF ▶
Bei sehr hartgesottenen Sprösslingen, die zum wiederholten Mal am Stuhlbein knabbern, kann es nötig sein, körperlich einzuwirken, um den Kleinen zu stoppen und das stimmliche »Nein« zu unterstreichen. Den Schnauzgriff kennen Hunde aus ihrem eigenen Verhaltensrepertoire. Der Mensch kann ihn imitieren, indem er mit der Hand über die Schnauze greift und dabei schnell und energisch die Lefzen gegen die Zähne drückt – ein zeitgleiches »Nein« dient als Abbruchsignal.

Bleiben Sie dabei möglichst aggressionslos und seien Sie bitte nicht nachtragend. Wenn der Kleine aufhört und die Maßregelung akzeptiert, sind Sie sofort wieder freundlich und loben. Negativeinwirkungen sollten nicht zur Dauereinrichtung werden. Generell sollte eine einmalige Einwirkung reichen, damit er zukünftig auf Ihr Hörzeichen reagiert.

Schon der Welpe sollte lernen, dass er keinen Unrat aufsammeln darf.

Wenn der Welpe Ihr »Nein« nicht akzeptiert, können Sie körperlich einwirken. Imitieren Sie mit der Hand einen Schnauzgriff und loben Sie ihn, wenn er daraufhin unterlässt, was er tat.

»Aus«

Das »Aus« soll den Welpen dazu veranlassen, etwas herzugeben, das er bereits im Maul hat. Viele Hundebesitzer setzen es auch ein, wenn der Hund etwas unterlassen soll, zum Beispiel das Bellen. Wenn Sie das »Aus« zum Unterlassen seines Handelns benutzen wollen, benötigen Sie ein anderes Signal für das Ausgeben von Gegenständen, denn Vermischungen von Hörzeichen bringen unsere Vierbeiner durcheinander.

Wollen Sie später mit dem Hund apportieren, ist das Signal »Aus« sehr wichtig, natürlich auch, wenn er etwas hergeben soll. Sie können es dem Knirps beibringen, indem Sie ihm ein Tauschgeschäft anbieten. Hat er Ihren Handschuh im Maul, halten Sie eines seiner Spielzeuge oder einen Kauknochen bereit. In dem Moment, in dem der Welpe Ihren Handschuh herausrückt, folgt Ihr Signal »Aus«, Sie loben ihn und geben ihm das Tauschobjekt mit »Nimm«. Nach wenigen Versuchen funktioniert das »Aus« meist zuverlässig.

Gemeinsame Outdoor-Beschäftigungen

Viele Menschen meinen, dass man mit seinem Hund spazieren ginge, damit er »Zeitung lesen« kann. Natürlich soll er auch »Hund« sein dürfen, schnüffeln gehen und toben können.

Aber: Die Spaziergänge sind normalerweise die Zeiten, die wir uns gezielt für unseren vierbeinigen Kumpel nehmen – also soll er doch ruhig Spaß mit uns haben und nicht nur allein. Er hat den ganzen Tag »frei« und möchte zwischendurch auch mal gefordert werden. Damit meinen wir nicht, dass

Apportieren kann bereits im Welpenalter spielerisch begonnen werden. Hier wird noch nicht auf Präzision geachtet, denn er soll schließlich Spaß an der Sache haben.

er gedrillt wird und draußen nu Gehorsamsübungen machen soll. Bieten Sie ihm Abwechslung, wählen Sie unterschiedliches Gelände aus und flanieren nicht nur die bekannten Wege entlang. Beschäftigen Sie sich aktiv mit ihm, laufen Sie, rennen Sie ein Stück, lachen Sie, knuddeln Sie ihn, wälzen Sie sich mit Ihrem Welpen im Gras – sprich: entdecken Sie gemeinsam alles, was die Welt bietet. Wenn Ihr Hund es nicht bemerkt, verstecken Sie Futter im Gras und freuen sich über Ihren Fund. Hunde sind von Natur aus neugierig, wollen sehen, womit wir uns beschäftigen, und wenn Sie es erlauben, darf er auch etwas von Ihrer »Beute« abbekommen.

Ruf- und Sichtzeichen im Überblick

Hunde kommunizieren vorwiegend nonverbal, deshalb sollten Hör- mit Sichtzeichen kombiniert werden.
Wir empfehlen:
»Hier« bedeutet: »Komm direkt und ohne Umschweife zu mir.« Dazu hocken wir uns hin und breiten die Arme aus, bis der Welpe da ist, dann nehmen wir die Hände mit dem Leckerli direkt in den Schoß, sodass der Kleine dicht zu uns kommt.
»Sit« heißt: »Setz dich hin, dort, wo du gerade bist.« Deutlich nach oben ausgestreckter Arm und erhobener Zeigefinger, damit dieses Zeichen auch gut auf Entfernung zu sehen ist. Das kann eine wichtige »Bremse« sein, wenn er zum Beispiel gerade Richtung Straße läuft.
»Platz« bedeutet: »Leg dich an Ort und Stelle hin.« Der Handrücken der flachen Hand weist nach oben, die Handinnenfläche zeigt nach unten, die Hand wird nicht vor, sondern seitlich neben den Körper gehalten, damit sie für den Vierbeiner besser sichtbar ist.
»Bei« heißt: »Lauf mit lockerer Leine neben mir.«
»Nein« bedeutet: »Unterlass das, was du gerade tust oder zu tun gedenkst.«
»Aus« heißt: »Gib mir, was du gerade im Maul hast.«
»Lauf« besagt: »Die jeweilige Übung ist beendet.« Der Hund darf im begrenzten Rahmen Freiheiten haben, soll aber nicht zwanzig, dreißig Meter weit weglaufen, Hühner aufscheuchen oder Kinder verbellen. Er kann sich jedoch im Zehn-Meter-Radius um uns herum bewegen, sodass wir ihn im Auge behalten – Eine ausladende Handbewegung gibt den Hund frei.
»Setz dich/leg dich« bedeutet: »Machs dir irgendwo bequem, aber es muss nicht auf der Stelle sein.«, zum Beispiel im Restaurant.
»Komm« – »Komm in meine Nähe/Reichweite, auch langsam, aber: Rückweg einschlagen!«

Sozialkontakte sind wichtig.

▸ Der tollste Spielkamerad

Werden Sie zum Nabel seiner Welt. Damit sind Sie toll und haben etwas zu bieten, – nicht nur der fremde Hund, den Sie beim Spaziergang treffen und der ein potenzieller Spielkamerad ist. Wir wollen, dass der Hund Freiheiten hat. Doch was passiert, wenn ich ihn »nur« laufen lasse? Er sucht sich anderweitig »Hobbys«, geht jagen, rennt Joggern hinterher oder lässt uns auf der Hundewiese stehen, bis er fertig gespielt hat oder, oder, oder ...

Beim Spaziergang sollten sich Spaß, Übungen und »Freizeit« die Waage halten – mit Freizeit meinen wir, dass der Hund schnuppern kann und innerhalb des Zehn-bis-fünfzehn-Meter-Radius seiner Wege gehen darf. Hunde sind soziale Lebewesen und entfernen sich nicht weit von ihrem »Rudel« – jedenfalls nicht ständig. Das ist so, als würden Sie mit Ihrem Partner spazieren gehen. Der eine läuft zehn Meter vor dem anderen und geht Blümchen pflücken, während der andere telefoniert. Da ist nicht viel mit guter Beziehung!

▸ Spielen macht klug

Je mehr Herausforderungen ein Hund in seiner Welpenzeit bewältigen konnte, desto leichter wird es ihm auch als erwachsenem Vierbeiner fallen, Aufgaben zu lösen und neue Dinge zu lernen. Spielen ist ein wichtiger Beitrag: Es macht klug, fördert das Selbstbewusstsein, sorgt für die körperliche Fitness und stärkt die Beziehung zum Menschen: Rangeln Sie um ein Spielzeug und kullern Sie sich gemeinsam auf dem Boden. Der Kleine darf dabei auch ruhig mal auf Ihnen herumhopsen oder das Spielzeug erbeuten, Sie müssen deswegen nicht sofort ein »Rangordnungsproblem« befürchten. Voraussetzung ist jedoch immer, dass das Spiel nach Ihren Regeln abläuft: Sie bestimmen Anfang und Ende. Wird der Kleine zu wild und steigert sich in das Spiel hinein, brechen Sie kommentarlos ab.

Einige Beispiele:

- ▸ Toben und balgen Sie zusammen mit dem Welpen.

»Nasenarbeit« macht müde: Futtersuche im Zeitungspapier.

- Verstecken Sie ein Spielzeug oder Leckerchen in einer mit Papier gefüllten Kiste. Die kleine Nase muss sich das Objekt der Begierde erarbeiten.

Apportieren

Apportieren bedeutet, dass Ihr Hund Ihnen auf Aufforderung einen gewünschten Gegenstand bringt.

Wählen Sie einen Gegenstand aus, den Sie »verwalten«, der also nicht zur freien Verfügung steht, sonst wird er uninteressant. Es sollte etwas sein, das liegt, wenn es geworfen wurde, also kein Ball.

Ab und zu packen Sie den Gegenstand aus und machen ihn spannend, indem Sie ihn in die Luft werfen und sich damit beschäftigen.

Das Futtersuchspiel

Eine tolle Sache zur geistigen Auslastung, zum Intensivieren der guten Beziehung und des Gehorsams ist das Futtersuchspiel:
Nehmen Sie sich eine Hand voll Futter. Halten Sie sich ein einzelnes Leckerli vor die Nase und sagen »Schau«. Wenn Ihr Hund Sie ansieht, rollen Sie dieses Leckerli über den Boden von ihm weg und lassen ihn mit »Such« hinterherlaufen. Hat er das Leckerli erreicht, geben Sie es mit »Nimm« zum Verzehr frei und rufen ihn mit »Hier« wieder zurück. So kann man das Herankommen spielerisch einbauen.
Generell sollte der Kleine nichts Fressbares vom Boden aufsammeln, wie schon beim »Nein« erwähnt, aber in dem Fall erlauben Sie es ja durch die Signale »Such« und »Nimm«.

Ziehen Sie das »Apportel« auch mal über den Boden, immer weg vom Welpen, sodass dieser hinterherrennen und es fangen möchte.

Zeigt er großes Interesse an dem Gegenstand, werfen Sie diesen weg, und Ihr Hund darf sofort hinterhersausen. Viele Hunde nehmen das Apportel schnell auf, wenn es im Vorfeld spannend gemacht wurde. Loben Sie Ihren Welpen überschwänglich und motivieren Sie ihn, zu Ihnen zu kommen. Sollte das klappen, dann konzentrieren Sie sich bitte weiterhin auf Ihren Hund, nicht auf das Apportel. Lassen Sie ihm einen kleinen Moment die »Beute«, bevor Sie sie nebenbei abnehmen. Vielen Hunden vergeht die Lust am Apportieren, weil wir auf sie zustürmen und den Gegenstand wegnehmen. Im Lauf der Zeit können Sie die Apportierübungen mehr und mehr ausbauen: Ihr Hund bleibt sitzen und wartet gelassen, bis Sie ihn losschicken, der Gegenstand wird weiter geworfen, Sie verstecken ihn im Gebüsch und lassen ihn suchen. Je schwieriger die Leistung, desto größer fällt das Lob aus!

Weniger gute Beschäftigungen

- Zerrspiele, bei denen sich Ihr Hund hochschaukelt und die nicht mehr Ihrer Kontrolle unterliegen, beziehungsweise die ein reines Gegeneinander bedeuten. Fast jeder (Erst-)Hundebesitzer spielt sie gern, aber sie sind eher kontraproduktiv, weil sie die Rauflust des Hundes fördern können. Zumindest, wenn sich der Hund in das Zerren hineinsteigert.
- Unkontrollierte Ballspiele: Geworfene Bälle können weit rollen. Wenn der Hund ihn stoppen will, springt er mit den Vorderpfoten auf den Ball. Das geht sehr auf die Gelenke!

Außerdem sind Ballspiele eher stupide und kann den Menschen zur Ballmaschine degradieren. Zudem ähnelt der wegfliegende Ball fliehender Beute und kann bei Hunden mit jagdlichen Veranlagungen das Muster des Jagdverhaltens manifestieren.

Ihr Hund sollte trotz eines Apportiergegenstandes oder eines Spielzeugs seinen Menschen wahrnehmen und nicht zum »Balljunkie« werden.

Dieser Ball ist definitiv zu groß für diesen kleinen Hund.

Die Sozialisierung

Die Sozialisierung

Ein Welpe durchläuft von seiner Geburt an verschiedene Phasen der Entwicklung. Aus einem hilflosen und ganz und gar von der Mutter abhängigen Wurm wird ein Hund, der mehr und mehr Erfahrungen sammelt, von denen sein weiterer »Werdegang« abhängt.

In den ersten Wochen lernen Welpen immens viel, es ist fast so, als hätten wir eine »Festplatte« vor uns, die nach und nach mit Informationen gefüllt wird. Wir Menschen haben eine große Aufgabe und Verantwortung, wenn wir ihn vernünftig auf sein Leben vorbereiten wollen.

Allerdings: Je mehr ein Hund kennt, desto klüger wird er! Es erweitert sein Spektrum und öffnet »Schubladen«. Das kann durchaus auch anstrengend werden, zum Beispiel was das Maß an Beschäftigung und Training anbelangt. Wenn man sonst immer konsequent ist, erkennt er schnell, wenn man's mal nicht ist. Er sucht und findet dann eher Lücken.

Spiel ist daduch gekennzeichnet, dass es beiden Seiten Spaß macht und die Stimmung entspannt ist.

Nutzen Sie Welpenspielstunden

Das Spiel unter gleichaltrigen Vierbeinern ist für den Welpen durch nichts zu ersetzen. Hier werden viele wichtige Lernerfahrungen gesammelt – vorausgesetzt, die Spielstunden laufen vernünftig und qualifiziert ab. Der Besuch von Welpengruppen bietet sich zum Erlernen, Verfeinern und Festigen der Hundesprache und des innerartlichen Sozialverhaltens an. Des Weiteren ist das Kennenlernen von diversen optischen und akustischen sowie taktilen Reizen und die unterstützende Sozialisation auf Menschen ein Bestandteil von Welpenspielgruppen.

Gute Welpenspielgruppen finden

Hundeschulen und Vereine, die Welpengruppen anbieten, gibt es viele – gute sind jedoch selten.

Folgende Kriterien sollten gute Welpenkindergärten erfüllen:

- Der Trainer/die Trainerin (ab sofort verwenden wir der Einfachheit halber die männliche Schreibweise) nimmt sich vor dem ersten Welpenspiel genügend Zeit, um den Ablauf zu erläutern und Ihre Fragen zu beantworten.
- Die »neuen« Welpen werden etwas eher bestellt, damit sie sich in Ruhe mit dem Platz vertraut machen können.
- Bei der Zusammenstellung der Gruppen achtet der Trainer darauf, dass die Welpen zusammenpassen, was nicht unbedingt mit der Größe, sondern viel mehr mit der individuellen Entwicklung und dem Alter der Hunde zusammenhängt.

Sinnvoll ist es, die Gruppen zu unterteilen:

- 1. Gruppe: 8. bis 12. Woche,
- 2. Gruppe: 13. bis 16. Woche,
- nicht statische Aufteilung der Gruppen.

- Pro Aufsichtsperson werden nur so viele Hunde angenommen, dass eine optimale Betreuung gewährleistet ist – pro Trainer sind das höchstens acht Welpen. Optimal sind generell zwei bis drei Trainer pro Spielstunde, um sowohl die Hunde im Spiel beobachten zu können als auch die Hundebesitzer zu betreuen. Die Gesamtgruppengröße sollte jedoch auch dann acht bis zehn Hunde nicht überschreiten.
- Die Gruppen sind idealerweise offen, damit Ihr Hund nicht nur immer die gleichen Welpen in seiner Welpenzeit kennen lernt, sondern immer wie-

Alles Neue wird genau untersucht.

Beim Welpenspiel kann man erste Tendenzen der Entwicklung der Hunde erkennen.

der neue. Deshalb ist es notwendig, dass im Lauf der Zeit ein Wechsel stattfindet, und einer der »Älteren« der ersten Gruppe in die zweite wechselt, sodass die Neuen »nachrutschen« können. So ist eine größere Vielfalt gewährleistet.

- In diesen Stunden brauchen die Welpen unbedingt die Möglichkeit, frei zu »spielen«. Spielen sie immer oder lernen sie im Spiel? Es ist ähnlich wie mit unseren Kaufmannsladenspielen, als wir noch klein waren. Haben wir damals gespielt oder trainiert?
- Die Welpen dürfen ausgelassen miteinander kommunizieren, ohne dass die anwesenden Menschen permanent eingreifen, auch wenn es einmal wild zugeht.

Dennoch muss die Welpenspielgruppe nach gewissen Regeln ablaufen. Wenn es zu heftig wird, unterbrechen die Trainer. Auf keinen Fall sollten die Treffen so aussehen, dass die Welpen sofort abgeleint werden und sich selbst überlassen bleiben, während ihre Menschen in Gruppen zusammenstehen und sich unterhalten.

- Wird ein Welpe der Gruppe von seinen Artgenossen gemobbt (es nehmen zwei oder mehrere den Kleinen in die Mangel und er hat keine Chance, sich aus dieser Situation zu befreien), ist zweibeinige Hilfe angesagt. Jede Begegnung, alles was passiert, verändert den Hund. Den einen mehr, den anderen weniger ...
- Beim Welpenspiel können die Trainer schon Tendenzen der einzelnen Hunde erkennen. Wenn beispielsweise ein Border Collie, ein Hütehund, permanent hinter anderen Hunden her rennt, um sie zusammenzutreiben, sollte dieses Verhalten reduziert, umgelenkt oder sogar im Keim erstickt werden, wenn er später nicht hüten soll. Sonst haben die Besitzer unter Umständen bald einen Hund, der Artgenossen, Radfahrern, Schafen etc. hinterher jagt. Ebenso sollten ganz kleine Rassen (zum Beispiel Yorkshire Terrier) lernen, dass es auch große Hunde gibt. Deren Besitzer sollten versuchen, sich zu disziplinieren und den Knirps nicht ständig auf den Arm nehmen.

Ein bisschen Theorie

Zwischendurch werden die Welpen wieder an die Leine genommen, damit sie zur Ruhe kommen und warten lernen. Diese Phasen werden für einen Theoriepart genutzt, dabei geht es um Themen wie Stubenreinheit, Auslastung von Hunden, Ernährung, Lernverhalten, Gesundheit usw. Währenddessen stehen die Besitzer auf der Leine ihres Hundes, damit er bei ihnen bleibt, aber ignoriert wird, er kann sitzen, stehen, liegen – wie er mag (s. Kapitel 5, S. 67, »Rein ins Leben«). Das Warten sollte maximal fünf Minuten dauern. Im Winter können vor allem kleine und kurzhaarige Hunde unter die Jacke genommen werden oder eine Decke untergelegt bekommen.

Die Trainer erläutern und zeigen exemplarisch, wie man »Sit« und »Platz« beibringt, das Üben an sich sollte aber erst einmal an anderer Stelle mit wenig Ablenkung durchgeführt werden. Das Welpenspiel ist anstrengend genug für die Kleinen. Gute Hundeschulen bieten Einzelunterricht an, um individuell auf die jeweiligen Belange von Hund und Mensch einzugehen und den Hundebesitzer intensiv zu coachen. Dabei lernen die Hundebesitzer vieles über Körpersprache, Ausdrucksverhalten und Bedürfnisse ihres Vierbeiners sowie das korrekte Ausführen von Hörzeichen.

Tipp

Kontakt zu anderen Hunden

Hunde müssen auch nach dem Welpenalter unbedingt weiterhin Kontakt zu Artgenossen haben. Viele Hundeschulen und Vereine bieten Junghundespielstunden an, die weiterhin regelmäßig besucht werden sollten.

Unterschiedliche Bodenbeschaffenheiten fördern die Sinne und die Koordination.

Hindernisse überwinden

In Welpengruppen wird außerdem die Überwindung von kleinen Hindernissen, die Gewöhnung an unbekannte Bodenbeläge und Geräusche geübt.

Dabei sollte der Welpe zu keiner Übung gezwungen werden, sondern diese durch entsprechende Motivation aus eigenem Antrieb bewältigen. Lernerfahrungen, die mit Zwang und Angst verbunden sind, bewirken das Gegenteil des Lernziels. Wenn der Welpe nicht über die Wippe gehen möchte und darüber gezogen wird, kann er Angst vor dem Hindernis bekommen und es schadet dem Vertrauensverhältnis zum Menschen.

Die Leine sollte während der Übungen locker bleiben. Der Welpe wird beim Bewältigen des »Parcours« mit Stimme und Leckerlis motiviert.

Nehmen Sie Ihren Welpen ruhig oft mit, z.B. auch ins Café.

Menschen aller Art

Beim (Auf-)Züchter und danach bei Ihnen sollte Ihr Welpe mehrmals in der Woche Kontakt zu fremden Menschen erhalten, die freundlich und sachkundig mit ihm umgehen.

Handelt es sich um für den Welpen bisher unbekannte Menschen (Rollstuhlfahrer, Menschen an Krücken, Menschen mit abweichendem Bewegungsablauf), lassen Sie ihn, wenn erwünscht und möglich, Kontakt zu ihnen aufnehmen. Das bietet dem Welpen die Möglichkeit, Menschen kennen zu lernen, die nicht seiner bisherigen Erfahrung entsprechen.

Lassen Sie nicht zu, dass fremde Menschen Ihren Hund mit Leckerlis vollstopfen, weil er ja sooo süß ist, ansonsten hängt er später an jeder Hosentasche und das kann ganz schön lästig sein. Auch in der Spielstunde haben nur Sie und der Trainer das Recht, den Kleinen zu belohnen. Ist Ihr Hund allerdings eher zurückhaltend und sehr vorsichtig fremden Menschen gegenüber, dann sollte er ruhig positive Erfahrungen sammeln, indem er ab und zu von Fremden gefüttert wird. Damit kann er seine Unsicherheit verlieren beziehungsweise Vertrauen gewinnen.

▸ Jogger, Radfahrer und Inline-Skater

Alles, was sich schnell bewegt, kann einen magischen Reiz auf einen Welpen ausüben, viele wollen hinterherrennen. Bei einem Welpen sieht das auch noch drollig aus. Läuft aber ein ausgewachsener Rhodesian Ridgeback oder Schäferhund hinter einem Jogger her, ist Schluss mit lustig. Übrigens: Sie machen die Ablenkung erst richtig spannend, wenn Sie selbst viel Aufhebens veranstalten. Deswegen sollte Ihr kleiner Vierbeiner bei den Spaziergängen anfangs mit Schleppleine laufen, damit Sie sich bei Ablenkung einfach kommentarlos auf die Leine stellen können.

▸ Briefträger

Zu Postboten haben viele erwachsene Hunde ein gespaltenes Verhältnis, das sich aus monatelanger Erfahrung aufgebaut hat. Von klein auf konnten Sie eine Person beobachten und hören, die sich dem Grundstück nähert und sich geräuschvoll am »Haus zu schaffen« macht. Meist (aus Verunsicherung) bellen sie lautstark – mit einem überwältigenden Ergebnis: sie schlagen den Eindringling jedes Mal erfolgreich »in die Flucht«. Machen Sie deswegen den Kleinen frühzeitig mit dem Briefträger bekannt, damit er ihn als »netten Bekannten« und nicht als Eindringling kennen lernt.

▸ Menschenansammlungen

Menschenansammlungen trifft man in der Stadt, am Bahnhof, auf dem Marktplatz oder in Einkaufszentren.

Aus der Sicht eines Welpen können Menschenmengen bedrohlich sein. Setzen Sie sich an einem Samstag Vormittag mitten in die Fußgängerzone, dann können Sie es nachempfinden. Dennoch sollten Sie den Kleinen behutsam daran gewöhnen. Länger als 15 bis 20 Minuten darf die Übung allerdings nicht dauern. Setzen Sie sich in der Fußgängerzone zu Zeiten, in denen wenig los ist, auf eine Bank und geben Sie dem Welpen die Gelegenheit, sich das Treiben aus sicherer Entfernung anzusehen. Ebenso können Sie sich in der Nähe eines Supermarktparkplatzes aufhalten.

Wenn das nicht mehr allzu aufregend ist, gehen Sie dort spazieren, der Hund sollte jedoch schon mit der Leinenführigkeit (s. Kapitel 5, Seite 75, »Bei«) vertraut sein. Achten Sie unbedingt darauf, dass er nicht getreten, angerempelt oder erschreckt wird. Wird das Gedränge zu groß, sollten Sie den Winzling kommentarlos und ohne ihn zu trösten auf den Arm nehmen, bevor er negative Erfahrungen macht.

Noch sollten die Welpen zur Schonung der Gelenke getragen werden.

Weil Welpen ohnehin noch nicht so lange laufen sollen, kann ein Babytragetuch benutzt werden, in dem Sie ihn zwischendurch tragen können. Ab und zu darf er wieder für kurze Zeit herunter, um die Umwelt zu erkunden.

▸ Stadtgang auch für »Landeier«

Hunde sollten generell nicht mit in die volle Stadt geschleppt werden, weil die zahlreichen Eindrücke sehr anstrengend sind – viele Menschenbeine, fremde Gerüche und Geräusche, andere Lichtsituationen und vieles mehr. Allerdings sollten Sie ihn daran gewöhnen. Auch wenn Sie auf dem Lande wohnen, wo nicht viel los ist, braucht er diese Eindrücke. Warum? Vielleicht fahren Sie in den Urlaub und lassen Ihren Hund für diese Zeit von einem Bekannten betreuen, der in der Innenstadt wohnt. Dann ist es gut, wenn Ihr Hund das urbane Treiben kennt.

Führen Sie den jungen Hund behutsam an für ihn neue Gegenstände heran. Bleiben sie dabei gelassen, auch wenn er unsicheres Verhalten zeigt.

Besuch im Café

Gewöhnen Sie Ihren Welpen auch daran, sich im Café und in der Kneipe ruhig zu verhalten. Am besten geht das nach einer Spielstunde oder einem Spaziergang, wenn der Kleine sowieso müde ist. Achten Sie darauf, dass er vorher ausreichend Möglichkeiten hatte, sich zu lösen. Setzen Sie sich an einen Tisch, der nicht mitten im Trubel steht, legen Sie eine Decke/ein Handtuch für ihn hin, etwas zum Kauen und stellen Sie dann einen Fuß auf die Leine, damit er nicht umherlaufen kann (s. Kapitel 5, S. 67, »Rein ins Leben«). Nach einer Weile hat der Welpe sich meist beruhigt, rollt sich auf der Decke zusammen und schläft.

Artgenossen und andere Tiere

Hunde sollten von der Welpenzeit an Erfahrungen mit einzelnen Artgenossen aller Couleur, Größen und Altersstufen machen, um später sozialverträglich mit ihnen umgehen zu können.

Die anfängliche Unsicherheit erwachsenen Hunden gegenüber gibt sich schnell.

Welpenschutz

Der viel beschworene Welpenschutz existiert nur innerhalb des eigenen Rudels. Fremde Hunde haben keine Veranlassung, andere Welpen zu schützen. Nicht jeder erwachsene Hund mag oder toleriert ungestüme Welpen und kann schlimmstenfalls zubeißen.

Die Sache mit dem Welpenschutz

Mögen Sie es, wenn ein Vierjähriger Ihnen an der Supermarktkasse lachend den Einkaufswagen in die Beine rammt? Auch wir Menschen reagieren hier sehr unterschiedlich. Die einen verzeihen großzügig, die anderen werden laut oder gar unflätig. Ein Welpe, der ungehemmt auf erwachsene Hunde zuläuft, macht nichts anderes. Er ist schlicht und ergreifend distanzlos und der erwachsene Hund zieht daraus seine Konsequenzen. Selbstverständlich tolerieren viele erwachsene, sozialverträgliche Hunde Welpen mit einer ausgesprochenen Großzügigkeit, aber nicht per se. Welpenschutz bleibt dem eigenen Nachwuchs vorbehalten und selbst hier gibt es Hundemütter, die rigoros mit ihren Welpen umgehen. Behalten Sie den Kleinen bei Hundebegegnungen erst einmal bei sich, bis Sie ihn gegebenenfalls nach Absprache mit dem anderen Hundebesitzer laufen lassen. Fragen Sie vorher und stimmen Sie sich mit dem Hundehalter ab, ob der erwachsene Vierbeiner erfah-

Gewöhnen Sie Ihren Kleinen in entspannter Atmosphäre an die Tiere, denen er später begegnen kann. Dazu gehören auch Pferde und Kühe.

rungsgemäß freundlich oder zumindest geduldig mit Welpen umgeht. Dann können Kontakt und Spiel unter Ihrer Aufsicht stattfinden. Es ist wichtig, dass Ihr Kleiner nur Erfahrungen mit gut sozialisierten Hunden sammelt, die ihn zwar nach Hundeart zurechtweisen, sich aber angemessen verhalten. Nur so kann er einen unvoreingenommenen Umgang mit Artgenossen aller Art lernen.

▸ Andere Tiere

Machen Sie das Kerlchen frühzeitig mit anderen Tieren vertraut, damit diese nicht zu etwas Außergewöhnlichem werden, mit denen wild gespielt wird oder die es zu jagen lohnt. Das sollte regelmäßig auf dem Programm stehen. Denken Sie dabei an alle Tiere, denen der Welpe auch als erwachsener Hund begegnen könnte, dazu gehören Katzen, Kühe, Pferde, Ziegen und Schafe, aber auch Kleinsäuger wie Meerschweinchen, Kaninchen oder Vögel und Wildtiere.

Gehen Sie gelassen an die Sache heran und machen Sie die anderen Tiere nicht extrem wichtig, indem Sie »Schau, da sind die Kühe! Jetzt schau doch mal! Ui, so große Hundis!« sagen.

Wir können Ihnen versichern, Ihr Hund weiß, dass diese Tiere vor ihm stehen. Sie sollen für ihn das Normalste der Welt sein. Das sind sie allerdings nicht mehr, wenn Sie viel Wirbel um sie veranstalten. Zeigt Ihr Welpe Unsicherheit, sollten Sie, wenn möglich, zu dem anderen Tier gehen, es streicheln und sich darüber freuen. Sprechen Sie es freundlich an, damit Ihr Hund spürt, dass Ihre Stimmung positiv ist.

Tipp

Begegnungen im Dunkeln

Begegnungen, die Sie mit Menschen und Tieren trainieren, sollten Sie auch im Dunkeln üben. In der Dämmerung sind viele Hunde besonders misstrauisch Fremdem gegenüber und müssen lernen, dass ihnen auch jetzt keine Gefahr droht.

Auto fahren

Viele Welpen sind anfangs etwas ängstlich, was das Autofahren anbelangt, zumal ihnen dabei leicht übel werden kann. Sie sollten deshalb täglich eine kurze Runde drehen, damit dies zu einer ganz normalen Sache wird und seine Besonderheit verliert. Zeigt das kleine Kerlchen Unsicherheit, sollten Sie ihn öfter mal in das Auto setzen, ohne zu fahren, sondern um ihn darin zu füttern oder mit ihm zu spielen. Auf diese Art und Weise können Sie das Auto positiv besetzen. Zeigt er sich angstfrei, wird der Motor kurz angestellt und diese Zeit verlängert, bis der Kleine seine erste kurze Strecke fahren darf. Welpen und kleine Hunde sollten im Auto in einer Transportbox untergebracht werden, große Hunde mit einem Gurt gesichert oder hinter einem stabilen Gitter im Kofferraum eines Kombis mit auf die Reise gehen. Viele Hunde fühlen sich im Fußraum zwar wohl, diese Form des Transportes ist allerdings verboten. Klappt das Autofahren gut, können Sie auch mal durch die Autowaschstraße fahren. In dem Fall sollte er allerdings nicht ganz allein hinten sitzen müssen, sondern einen vertrauten Menschen neben sich haben.

Machen Sie Ihren Welpen auch mit Haushaltsgeräten vertraut.

▸ Öffentliche Verkehrsmittel

Auch wenn Sie ein Auto besitzen, sollten Sie Ihren Vierbeiner an öffentliche Verkehrsmittel gewöhnen, es kann immer mal die Situation eintreten, dass Sie gemeinsam mit Ihrem Hund mit dem Zug oder dem Bus unterwegs sind. Fangen Sie damit an, dass Sie sich am Busbahnhof oder dem Bahnsteig auf eine Bank setzen und den Reisenden zusehen. Sobald der Kleine sich entspannt verhält, steigen Sie in den Bus oder Zug und fahren eine kurze Strecke. Kleine Welpen sollten Sie beim Ein- und Aussteigen auf den Arm nehmen, später können die Hunde selbst einsteigen. Lassen Sie den Vierbeiner dabei bitte angeleint.

Lärm

▸ Haushaltslärm

Staubsauger, Föhn, Rasenmäher und andere Maschinen wirken auf viele Welpen bedrohlich. Deswegen sollten diese Geräte ab und zu angeschaltet werden, während Sie Ihrer ganz normalen Tätigkeit nachgehen, ohne diesen besondere Aufmerksamkeit zu widmen. Der Welpe sollte sich an plötzliche, laute, fremde Geräusche gewöhnen, damit er cool bleibt, sonst kann es passieren, dass er beim Spaziergang in Panik gerät und wegläuft, wenn er beispielsweise einen Schuss oder das Knallen eines Auspuffs hört. Setzen Sie den Welpen gelegentlich verschiedenen Geräuschen aus und zeigen Sie sich selbst völlig unbeeindruckt.

▸ Straßenlärm

Wie Ihr Welpe auf Straßenverkehr reagieren wird, hängt natürlich auch davon ab, wo er aufgewachsen ist. Kennt er eine viel befahrene Straße aus der Zeit beim (Auf-)Züchter, wird er erfahrungsgemäß recht cool damit umgehen.
Ist er jedoch ländlich und sehr abgeschieden aufgewachsen, kann ihn der Verkehrslärm und die vorbeifahrenden Autos erschrecken. Immer wieder sollte die Gewöhnung an den Straßenverkehr auf dem Programm stehen. Fangen Sie an einer wenig befahrenen Straße an, später können Sie auch an verkehrsreichen Strecken üben.

Apropos Lärm: Wenn es bei Ihnen in der Nähe einen Schießstand gibt, in dessen Umgebung Sie spazieren gehen können, dann nutzen Sie diese Möglichkeit, damit Ihr Welpe auch Schusslärm kennen lernt.

Unterschiedliche Bodenbeläge und Treppen

Lernt der Welpe nicht, sich auf unterschiedlichen Belägen fortzubewegen, kann es später zu Problemen kommen, wenn Sie in der Stadt ein Gitter oder einen glatten Boden überqueren müssen. Deswegen sollten Sie, wann immer sich die Gelegenheit dazu bietet, mit ihm gemeinsam Metallboden, Plastikplanen, Stege an einem See und Ähnliches betreten.
Animieren Sie den Kleinen aufmunternd, Ihnen zu folgen und loben Sie ihn, wenn er sich tapfer darauf bewegt. Die Leine sollte locker bleiben und der Hund nicht mitgezerrt werden.

Ob glatte Böden oder Gitterroste: Gewöhnen Sie Ihren Welpen positiv und mit sicherer Hand an unterschiedliche Untergründe.

Ernährung und Pflege

Nährstoffbedarf

Der Nährstoffbedarf eines Welpen unterscheidet sich von dem eines erwachsenen Hundes. Hinzu kommen individuelle Unterschiede, je nach späterer Endgröße und Belastung des Vierbeiners. Die richtige Zusammensetzung des Futters zu berechnen, ist eine komplizierte Angelegenheit und erfordert großes Fachwissen in der Ernährungsmittelkunde. Wer seinen Welpen mit selbst zubereitetem Futter ernähren will, sollte sich deswegen vorher mit dessen Ernährungsansprüchen intensiv beschäftigen oder direkt auf ein gutes, hochwertiges Fertigfutter zurückgreifen. Lassen Sie sich hierbei von Ihrem (Auf-)Züchter oder Tierarzt beraten. Je nach Nährstoffbedarf wird entsprechendes Futter benötigt.

Keine Süßigkeiten

Süßigkeiten, vor allem (Zartbitter-)Schokolade, sind für Hunde tabu!
Das in Schokolade enthaltene Theobromin führt zu Vergiftungen und kann bei entsprechenden Mengen tödlich wirken!

Wenn Sie Essensreste verfüttern, geben Sie Ihrem Hund bitte nichts scharf Gewürztes und stark Gesalzenes.

Fütterung

Die Verdauung des Hundekindes ist noch nicht darauf eingestellt, große Portionen zu verarbeiten und zu verwerten. Deswegen sollten Welpen mehrere Mahlzeiten pro Tag erhalten, um ihnen eine bestmögliche Nährstoffaufnahme zu bieten. Von der achten bis zur zwölften Woche sollten Sie die gesamte Tagesration auf vier bis fünf Mahlzeiten verteilen. Anschließend können Sie alle vier Wochen eine Mahlzeit wegfallen lassen, bis der halbjährige Vierbeiner schließlich nur noch zweimal täglich gefüttert wird.

Wie viel der Welpe bei jeder Fütterung bekommt, ist individuell verschieden. Selbst zwei Geschwister, die unter denselben Bedingungen leben, können unterschiedliche Ansprüche an die zugeführte Nahrungsmenge haben. Fragen Sie am besten Ihren Züchter oder die Person, von der Sie den Welpen erworben haben, um Rat. Sie können Ihnen einen Richtwert nennen und Sie probieren aus, ob es

Oftmals entwickeln sich Hunde zu schlechten Fressern, weil ihr Futter ständig zur Verfügung steht.

dem Welpen genügt oder ob er mehr bekommen sollte. Letztendlich ist entscheidend, wie der Welpe aussieht und wie er das Futter verträgt: Können Sie, wenn Sie mit der Hand über seinen Brustkorb streichen, die Rippen ansatzweise spüren oder müssen Sie sich durch eine Fettschicht bohren?

▸ Zeitlimit

Grundsätzlich sollten Sie dem Welpen das Futter nur eine Viertelstunde lang anbieten. Was er bis dahin nicht angerührt hat, kommt wieder weg. Achtung: Es gibt Hunde, die sehr langsam fressen. Denen wird der Teller natürlich nicht unter der Nase weggezogen, wenn er nach dieser Zeit nicht fertig ist! Viele Hunde, die ständig Zugang zu ihrem gefüllten Napf haben, entwickeln sich zu »schlechten Fressern«. Durch das Zeitlimit beugen Sie dem vor. Sie brauchen sich auch keine Sorgen zu machen, wenn der Welpe einmal keinen Hunger hat oder nur wenig frisst. Das kann insbesondere während der Wachstumsphasen immer mal der Fall sein. Zeitweise fressen sie wie die »Scheunendrescher«, ein anderes Mal scheint nichts zu schmecken. Solange der Kleine munter ist, sein Verhalten nicht abweicht und bei den Übungen zwischendurch Leckerlis annimmt, ist alles in Ordnung. Ansonsten sollten Sie ihn untersuchen lassen.

Bitte kommen Sie nicht auf die Idee, ihm ein anderes Futter anzubieten, denn ganz schnell schmeckt ihm auch das nicht mehr, etwas Neues aber schon. Womöglich fangen Sie an zu kochen, damit er zufrieden ist, vielleicht wird er auch hier die Nase rümpfen – und damit hat der Hund Sie und nicht Sie den Hund erzogen.

Sie sollten kein Futter aus dem Kühlschrank verfüttern, denn das kann Durchfall verursachen. Das Futter sollte immer Zimmertemperatur haben.

▸ Futterumstellung

Geben Sie dem Welpen mindestens zwei Wochen lang das gewohnte Futter und stellen Sie (falls gewünscht) erst um, wenn er sich bei Ihnen eingewöhnt hat. Um das Futter zu wechseln, sollten Sie den Anteil des neuen Futters langsam erhöhen und das gewohnte im Gegenzug reduzieren. Zu schnelle Futterumstellungen bewirken manchmal Magenprobleme.

▸ »Tischmanieren«

Ignorieren Sie den Kleinen, wenn er sein Futter von Ihnen fordert, indem er sich vor Sie setzt und Sie herzerweichend ansieht, wenn Sie das Essen für die Familie zubereiten. Nicht er bestimmt, wann es etwas gibt, sondern Sie. Ansonsten wird er zukünftig mehr und mehr quengeln, bis es Futter gibt.

Bereiten Sie sein Futter vor, lassen Sie ihn so lange im Laufstall, später in seinem Körbchen warten, ehe Sie ihn zu sich rufen, damit er sein Futter bekommt. Er kann auch noch ein »Sit« ausführen, bevor er seinen Napf erhält, was aber nicht sein muss. Wichtig ist, dass der Welpe nicht drängelt und Sie dazu »nötigt«, sich zu beeilen, um ihm sein Futter zu liefern.

Vermeiden Sie es, ihn mit der Stimme zu unterstützen: »Ja, gleich kriegst du ja was! Ich beeile mich ja schon.«

Ihr Hund bekäme das Gefühl, er könne Sie antreiben und würde von Mal zu Mal unruhiger werden.

▸ Futterzeiten

Variieren Sie die Zeiten ein wenig. Er braucht nicht um Punkt 12 Uhr, 18 Uhr usw. seine Mahlzeit. Warum? Die festen Fütterungszeiten haben den Nachteil, dass Sie gebunden sind. Es ist lästig, wenn Sie während des Kinofilms nach Hause eilen müssen, um Ihren Vierbeiner zu versorgen.

▸ Gib mir Dein Futter

Wichtig ist, dass Ihr Welpe – und auch später der erwachsene Hund – Ihnen das Futter überlässt, wenn Sie es von ihm verlangen. Es kann passieren, dass er Unrat oder Schädliches ins Maul nimmt, was Sie ihm abnehmen möchten – es ist also gut, ab und zu zu üben, dass er Ihnen sein Futter/seinen Knochen gibt. Nehmen Sie ihm bitte nicht ständig seinen Napf weg, denn das kann das Gegenteil bewirken und ihn dazu veranlassen, sein Futter zu verteidigen. Vielmehr muss der Kleine lernen, dass Sie ihm seine Nahrung nicht streitig machen wollen und er sich sicher fühlen kann, wenn Sie sich ihm nähern, während er frisst. Teilen Sie ab und zu seine Ration in mehrere Portionen ein und geben Sie ihm zuerst nur einen Teil. Gehen Sie weg und kommen Sie anschließend zurück, um eine weitere Portion in seinen Napf zu füllen. So lernt der Welpe, dass der Mensch keine Bedrohung für ihn ist, sondern sogar gute Sachen mitbringt. Sie können sich um ihn herumbewegen, Küchenarbeiten erledigen und ihn dabei ignorieren. Damit signalisieren Sie, dass Sie nichts von ihm wollen.

Noch schwieriger fällt es den meisten Hunden, ihren Kauknochen herzugeben. In dem Fall ist mal wieder tauschen angesagt. Geben Sie ihm stattdessen etwas anderes Leckeres, zum Beispiel Käse- oder Wurststückchen, kurz danach erhält er seinen Knochen wieder.

Tauschen Sie mit Ihrem Hund: Er bekommt etwas Besonderes von Ihnen, und Sie seine »Beute«.

▸ Betteln verboten

Von vornherein sollten Sie aufpassen, dass Ihr Welpe nicht neben dem Esstisch, an dem Sie sitzen, steht, in der Absicht, etwas abzustauben. Die beste Vorbeugung ist, ihm niemals etwas vom Tisch zu geben, auch wenn er Sie noch so Mitleid erregend ansieht. Entscheidend ist dabei das Durchhaltevermögen aller Familienmitglieder. Wenn der Hund einmal ein Erfolgserlebnis hatte, wird er natürlich versuchen, dieses zu wiederholen.

Am besten ignorieren Sie den Vierbeiner vollständig, während Sie essen und beachten ihn nicht.

▸ Leckerchen

Leckerlis sollten nur zur Motivation beim Einüben neuer Signale und als Belohnung bei korrektem Verhalten sowie gut ausgeführter Übungen eingesetzt werden. Wenn Sie dem Kleinen zwischendurch immer wieder einen besonderen Leckerbissen zustecken, verbauen Sie sich viele Möglichkeiten, ihn zum Mitmachen zu animieren. Bekommt ein Welpe zu viele Leckerlis, hat er auch bei den Hauptmahlzeiten keinen richtigen Hunger mehr und wird in der Folge nicht mehr ausgewogen ernährt. Zudem kann es passieren, dass Sie unbeabsichtigt ein Verhalten bestätigen, das unerwünscht ist, beispielsweise wenn er bellt. Wenn er Aufmerksamkeit fordert und Sie ihm dann etwas zustecken, belohnen Sie ihn dafür, dass er Sie angebellt hat. Das kann schnell zum Selbstläufer werden – bellen lohnt sich ganz offensichtlich und der Hund wird dieses Verhalten immer häufiger zeigen.

Leckerlis sind in der Hundeerziehung umstritten, häufig werden sie als Bestechung angesehen.

Gegen diese Form der Belohnung ist jedoch nichts einzuwenden, wenn sie gezielt in der Erziehung eingesetzt wird und wir uns vom Hund nicht manipulieren lassen. Wir Menschen arbeiten schließlich auch gegen Bezahlung und sehen den Lohn nicht als Bestechung.

Da die Leckerlis eine Motivation und/oder eine besondere Belohnung für den Welpen darstellen sollen, müssen sie etwas Besonderes sein, wofür sich auch besondere Anstrengungen aus seiner Sicht lohnen. Gut geeignet sind beispielsweise kleine Käsestückchen oder winzige Brocken gekochtes Putenfleisch.

Wenn Sie möchten, können Sie seine Futterration ausschließlich aus der Hand verfüttern, in Verbindung mit kleinen Übungen, statt es im Napf zu reichen. Das kann den Beziehungsaufbau unterstützen und fördert den Spaß und die Aufmerksamkeit beim Üben.

Frisches Wasser sollte immer zur Verfügung stehen.

Gelobt wird immer! Führt Ihr Hund von Ihnen gegebene Hör-/Sichtzeichen jedoch zuverlässig aus, sollten Sie die Häufigkeit der Futterbelohnung langsam abbauen.

▸ Wasser

Wasser ist für jedes Lebewesen wichtig, um die Körperfunktionen aufrechtzuerhalten. Auch Ihrem Welpen muss ständig frisches Wasser in einem sauberen Napf zur Verfügung stehen. Sind Sie samt Vierbeiner unterwegs, sollten Sie immer Wasser und einen Napf dabei haben, um ihm zwischendurch die Gelegenheit zu geben, seinen Flüssigkeitshaushalt auszugleichen. Das ist besonders im Sommer sehr wichtig.

Körperpflege

▸ Fellpflege

Je nach Rasse wird sich die Pflege Ihres Welpen und vor allem des erwachsenen Hundes mehr oder weniger aufwändig gestalten. Bei kurzhaarigen Vertretern ist dies meist schnell erledigt. Bei üppig behaarten, erwachsenen Hunden wie beispielsweise dem Bobtail sollten mehrere Stunden wöchentlich für die Fellpflege eingeplant werden. Bei allen Hunden – besonders aber bei den letzten Kandidaten – ist es wichtig, dass schon die Welpen lernen, gebürstet und gekämmt zu werden, sonst kann die regelmäßige Prozedur für alle Beteiligten sehr nervenaufreibend werden, wenn der erwachsene Hund sich dagegen sträubt, nicht stillhalten will oder sogar schnappt.

Auch das Bürsten will gelernt sein! Fangen Sie zunächst mit kurzen Übungseinheiten an.

BÜRSTEN ÜBEN ▸ Fangen Sie mit kurzen Einheiten an, zeigen Sie dem Welpen zuerst die Pflegewerkzeuge und fahren Sie ihm damit durch das Fell. Lässt der Hund sich das gefallen, loben Sie ihn mit freundlicher, ruhiger Stimme, denn durch eine helle, aufgedrehte Stimme werden Welpen oftmals zappelig. Wehrt er sich, machen Sie ruhig und bestimmt weiter, bis er sich entspannt. Würden Sie ihn in so einem Moment loslassen, lernt er bald, dass sein unruhiges Verhalten erfolgreich ist, und er wird es wieder anwenden, um sich frei zu strampeln. Steigern Sie die Zeit der Pflege etwas, bis Sie schließlich alle Körperstellen ohne Probleme bürsten und kämmen können. Übertreiben sollten Sie es jedoch nicht, denn der Welpe sollte nur zu Gewöhnungszwecken gebürstet werden.

BADEN ▸ Grundsätzlich sollten Hunde nur gebadet werden, wenn es wirklich notwendig ist, beispielsweise wenn sie sich in stinkendem Aas gewälzt haben oder der Tierarzt dies verordnet hat. Hat der Kleine in einem

Maulwurfhügel gebuddelt, reicht es normalerweise aus, ihn abzubürsten und ihn anschließend gründlich abzurubbeln. Zu Übungszwecken kann er zwar mal gebadet werden, dann aber lediglich mit Wasser ohne Shampoo.

Ist Shampoo nötig, sollte er nicht mit Menschenshampoo gebadet werden, denn das würde der natürlichen Fettschicht schaden. Verwenden Sie stattdessen ein spezielles Hundeshampoo. Dieses wirkt rückfettend und trocknet das Fell nicht aus.

Achten Sie darauf, dass Ihr Welpe einen sicheren Stand hat, beispielsweise durch das Unterlegen einer Gummimatte, und kein Wasser oder Shampoo in Augen und Ohren gelangt. Das Wasser sollte handwarm sein, auf keinen Fall wärmer, denn das wäre dem Hund sehr unangenehm. Zuerst wird er gründlich nass gemacht und dann mit verdünntem Shampoo eingeschäumt. Anschließend sollte das Shampoo wieder gründlich ausgespült werden. Es dürfen sich keine Reste im Fell befinden, denn das kann Haut und Haar schaden. Nach dem Baden wird der Welpe gründlich abgerubbelt. Wieder nach draußen darf der Kleine bei kühleren Temperaturen erst, wenn er vollkommen trocken ist. Im Sommer kann er sich auch im Garten »trocken toben«.

Neues Gelände zu erkunden, verursacht ein wenig Stress. Doch »milder Stress« gehört zur positiven Entwicklung der Welpen dazu und stärkt das Immunsystem.

»Milder Stress«

Welpen sind robuster als es den Anschein hat. Milder Stress (Dr. U. Ganslośer) gehört zu einer positiven Entwicklung dazu, denn dadurch wird das Immunsystem gestärkt. Dazu zählt auch, bei Wind und Wetter ins Freie zu gehen. Hundewelpen dürfen auch bei Regen hinaus oder im Schnee toben. Natürlich lassen wir ihn nicht bei minus 4° C stundenlang in der Nordsee baden! Solange der Kleine in Bewegung ist, wird er auch nicht krank. Wenn es dann aber wieder ins Auto oder nach Hause geht, sollten Sie den Knirps abtrocknen, damit er nicht pitschnass auf seinem Platz liegt, auskühlt und sich dann erkältet.

▸ **Körperkontrolle**

Gewöhnen Sie den Welpen daran, sich von Ihnen an allen Körperteilen anfassen zu lassen und dabei still zu halten. Hat er in diesem Alter gelernt, dass das gar nicht schlimm ist und Spaß machen kann, dann haben Sie es später wesentlich einfacher, Zecken zu entfernen, Pfoten abzuputzen und ihn auf Verletzungen hin zu untersuchen. Drehen Sie ihn liebevoll beziehungsweise spielerisch auf den Rücken. Das dient nie der Unterwerfung! Er sollte diese »Untersuchung« ohne Angst kennen lernen, ohne steif und angespannt zu sein, und diese vertrauensvoll genießen können.

Trainieren Sie all dies bereits jetzt, auch wenn kein konkreter Anlass dafür besteht. Später, wenn er beispielsweise eine Ohrenentzündung hat, die Schmerzen verursacht, wird dieses notwendige Handling ungleich problematischer, wenn er es nicht kennt, sich in die Ohren schauen zu lassen.

Bei dieser regelmäßigen Untersuchung werden Ihnen auch Veränderungen am Hund auffallen, die eventuell von einem Tierarzt untersucht werden sollten. Zudem werden tierärztliche Behandlungen für beide Seiten wesentlich stressfreier ablaufen, wenn es der Hund gewohnt ist, dabei still zu halten. So manchem Hund blieb dadurch eine Narkose erspart, weil eine lokale Betäubung ausreichte.

AUGENCHECK ▸ Die Bindehäute sollten hellrosa sein. Sind sie hingegen feuerrot, suchen Sie bitte einen Tierarzt auf. Viele Junghunde haben Follikel, kleine Bläschen auf dem dritten Augenlid, die behandelt werden sollten. Gelber Schleim weist oft auf eine Bindehautentzündung hin. Können Sie dies bei Ihrem Welpen feststellen, sollten Sie zum Tierarzt gehen.

GEPFLEGTE OHREN ▸ Wischen Sie die Ohren des Welpen immer mal mit einem sauberen Tuch aus, jedoch nur außen – gehen Sie niemals tiefer in den Gehörgang, das kann für den Hund sehr schmerzhaft und gefährlich sein. Träufeln Sie bitte nichts in die empfindlichen Hundeohren hinein, außer Ohrenreiniger, den Ihnen der Tierarzt empfohlen hat.

Spielerisches Auf-den-Rücken-Drehen will auch gelernt sein.

Im Sommer können Grannen in die Ohren geraten. Ihr Hund wird plötzlich den Kopf schief halten, sich kratzen und schütteln. Bitte warten Sie nicht zu lange und lassen Sie den Tierarzt umgehend ins Ohr schauen, denn die Grannen arbeiten sich immer tiefer in den Gehörgang hinein und sind daher nicht ungefährlich.

ZÄHNE ZEIGEN ▸ Werfen Sie immer mal wieder einen Blick ins Maul und auf das Gebiss des Welpen. Das ist vielen Hunden unangenehm, deshalb beginnen Sie am besten mit kurzen Zeitintervallen.
Mit ca. dreieinhalb bis vier Monaten kommen Welpen in den Zahnwechsel. Kontrollieren Sie regelmäßig, ob der Zahnwechsel reibungslos verläuft. Stellen Sie dabei fest, dass die neuen Zähne bereits durchgebrochen und deutlich sichtbar hochgewachsen sind und die Milchzähne parallel dazu festsitzen, müssen die Milchzähnchen eventuell gezogen werden. Wenn man damit zu lange wartet (mehr als zwei Wochen), können Zahnfehlstellungen entstehen.

PFOTENPFLEGE ▸ Normalerweise nutzen sich die Krallen des Hundes ausreichend ab, wenn er genügend Gelegenheit hat, auf hartem Untergrund zu laufen. Sind Sie aber meist in Feld und Wald unterwegs, können die Krallen sehr lang werden. Das kann bei bestimmten Rassen vermehrt auftreten oder der Fall sein, wenn der Hund einmal krank oder alt ist und nicht (mehr) viel laufen kann oder sich nur auf weichen Böden bewegen darf. Gewöhnen Sie Ihren Welpen an das Kürzen der Krallen. Beim Welpen können Sie anfangs noch einen Nagelknipser verwenden, später sollte es eine spezielle Krallenschere sein. Achten Sie darauf, beim Kürzen keine Ader zu verletzen, das ist für den Hund sehr schmerzhaft. Sind Sie sich unsicher, wie kurz Sie schneiden dürfen, lassen Sie sich

Dringend zum Tierarzt

Versuchen Sie nicht, mit Hausmittelchen zu experimentieren, wenn Ihr Welpe krank ist. Obwohl die kleinen Kerlchen sehr robust sind, können ihnen akute Erkrankungen sehr zusetzen und den kleinen Körper schnell schwächen. Besonders gefährlich ist ein Flüssigkeitsverlust bei Welpen. Rufen Sie im Zweifelsfall lieber einmal zu viel beim Tierarzt an, um zu fragen, ob er den Welpen sehen möchte, bevor Sie zu lang damit warten. Wenn Ihr Welpe folgende Krankheitsanzeichen zeigt, muss er auf dem schnellsten Weg zum Tierarzt:

- Apathie
- Starker Durchfall
- Blut im Kot
- Blut im Urin
- Mehrfaches oder starkes Erbrechen
- Fieber (über 39 °C)
- Lahmen
- Anhaltende Schmerzäußerungen (Wimmern, Aufschrei bei Berührung)
- Wunden (kleine Schrammen sind meist harmlos)
- Ständiges Kopfschütteln
- Ständiges Reiben der Augen mit den Pfoten
- Husten
- Eitriger Nasenausfluss

Die Zahnpflege gehört zur täglichen Prozedur.

»Zeigt her eure Füße!«

von einer Person helfen, die sich damit auskennt. Ihr Welpe sollte auch lernen, dass Sie die Zwischenräume zwischen den Ballen untersuchen, um festzustellen, ob er sich etwas eingetreten hat.

Impfungen

Mit der ersten Muttermilch, der so genannten Kolostralmilch, nehmen Welpen wichtige Antikörper gegen Infektionskrankheiten auf und sind in den ersten Wochen recht gut geschützt, wenn sie von einem vernünftigen (Auf-)Züchter kommen. Nach einigen Wochen ist dieser Schutz jedoch »aufgebraucht« und das Immunsystem sollte unbedingt mit Hilfe von Impfungen gegen gefährliche Krankheiten geschützt werden, die tödlich enden können.

Nach der Grundimmunisierung im zweiten und im dritten Monat müssen diese Impfungen in regelmäßigen Abständen aufgefrischt werden. Lassen Sie sich von Ihrem Tierarzt beraten, welche Impfintervalle und Vorsorgeimpfungen für Ihren Welpen empfehlenswert sind. Geimpft wird in der Regel gegen Staupe, Hepatitis, Parvovirose, Leptospirose, Zwingerhusten und Tollwut. Die Borellioseimpfung sollte je nach Gefährdungslage vorgenommen werden, wichtiger ist hier jedoch die Prophylaxe in Form eines Zeckenhalsbandes oder anderen Mitteln. Vorschriften zu Impfungen gibt es nicht, doch zumindest die Tollwutimpfung muss nachgewiesen werden, wenn der Hund an Ausstellungen oder Turnieren teilnehmen soll oder mit ins Ausland reist. In Deutschland treten immer wieder Tollwutfälle auf. Nicht geimpfte Haustiere werden bei Kontakt zu erkrankten Tieren getötet.

Tipp

Krankheiten aus südlichen Ländern

Da immer mehr Menschen ihre Hunde mit in den Urlaub, besonders nach Südeuropa, nehmen, ist ein besonderer Schutz vor Krankheiten, welche durch Sandfliegen übertragen werden, nötig. Nach einem Aufenthalt in gefährdeten Gebieten sollte zur Sicherheit eine Blutuntersuchung durchgeführt werden.

Entwurmen

Der (Auf-)Züchter wird den Welpen vor der Abgabe (hoffentlich) bereits mehrmals entwurmt haben. Eine Entwurmung wirkt nicht prophylaktisch, der Welpe kann kurz danach erneut mit Würmern befallen sein.

Besonders Welpen schnuppern an Kot oder fressen gar den Kot von Wild-, Haus- und Nutztieren, die manchmal von Darmparasiten befallen sind und infizieren sich so immer wieder neu.

Da einige Wurmarten auch auf den Menschen übertragbar sind und diesem auch sehr gefährlich werden können, ist es wichtig, gegen Parasiten vorzubeugen.

Äußere Parasiten

▶ Flöhe

Flöhe sind der Schrecken vieler Hundebesitzer und starker Flohbefall kann gerade Welpen sehr zu schaffen machen. Oft reicht ein einziger Flohbiss aus, um eine Flohallergie auszulösen. Kratzt Ihr Hund sich ständig, sollten Sie sein Fell mit einem besonders engzinkigem Flohkamm durchkämmen. Bleiben braune Krümel im Kamm hängen, sollten Sie diese auf ein helles Tuch geben, anfeuchten und verreiben. Färben sie sich rötlichbraun, handelt es sich meist um Flohkot. Die Flöhe selbst bekommt man selten zu Gesicht, es sei denn, der Hund ist stark befallen. Stellen Sie bei Ihrem Welpen Flohbefall fest, kann Ihr Tierarzt Ihnen wirksame Präparate verordnen, mit denen Sie den Vierbeiner und das Umfeld behandeln können.

▶ Zecken

Zecken sind nicht nur unangenehm, sondern können auch Borreliose, Ehrlichiose und Babesiose übertragen und FSME (eine Hirnhauterkrankung) verursachen. Deswegen sollten Sie Ihren Hund in der Zeit vom Frühjahr bis zum Herbst nach jedem Spaziergang nach diesen Plagegeistern absuchen. Hat sich bereits eine Zecke festgesetzt, entfernen Sie diese möglichst bald mit einer speziellen Zeckenzange.

Sowohl für Flöhe als auch für Zecken gibt es Mittel, die vorbeugend Schutz vor den Parasiten bieten.

Na, was juckt denn da?

Die Mensch-Hund-Beziehung

Die Mensch-Hund-Beziehung

Für ein harmonisches Miteinander

Was macht eine gute Mensch-Hund-Beziehung aus? Muss er sich an Geräusche gewöhnt haben, ruhig auf dem Tierarzttisch sitzen, ordentlich an der Leine laufen? Muss Ihr Hund hierfür »Sit« und »Platz« können? Sicher, all das macht beiden Seiten das Leben leichter.

Eine gute Mensch-Hund-Beziehung beinhaltet jedoch viel mehr. »Gehorsamsübungen« sind dann nur noch Nebenprodukt, wenn Mensch und Hund einen gemeinsamen Weg der Kommunikation finden.

Der erste Schritt auf dem Weg zu einem richtigen Team ist gelegt, wenn wir Menschen versuchen, unsere Vierbeiner zu verstehen. Was sagen sie, wenn sie mit der Rute wedeln – ist das immer gleichbedeutend mit Freude? Nein, es kann sich auch um einen Erregungszustand handeln, zum Beispiel wenn zwei fremde Hunde aufeinander treffen und sie sich erst einmal steifbeinig umkreisen.

Hundesprache ist viel komplexer und spannender, als man auf den ersten Blick denken mag. Versuchen Sie, Ihren Hund »lesen« zu lernen, um verstehen zu können, warum er wie handelt. Lernen Sie im Vorfeld zu »sehen«, wie er sich im nächsten Moment verhalten wird.

Überdenken Sie des Weiteren, welche Bedürfnisse Ihr Hund hat: Was braucht er und was können Sie ihm bieten (Beschäftigung, Bewegung, Kontakt zu Artgenossen)?

▸ Was noch zu einer guten Beziehung gehört

Eine ganz entscheidende Rolle spielt das Vertrauen, und zwar das Vertrauen des Menschen in den Hund aber auch Vertrauen des Hundes in den Menschen. Und spätestens hier wird deutlich, dass eine Beziehung etwas ist, das wachsen muss und nicht von heute auf morgen entstehen kann.

Vertrauen kann sich aufbauen, wenn man über einen längeren Zeitraum feststellt, dass man einen Partner an der Seite hat, der für einen da ist, der positiven Sozialkontakt bietet, der Gefahren fernhält und der einen Plan hat, von dem, was er tut (Günther Bloch).

Ein positives Mensch-Hund-Verhältnis ist vergleichbar mit einer guten Beziehung zwischen Eltern und Kindern:

Die Eltern achten darauf, dass ihr Kind versorgt ist, was Nahrung, Kleidung und Gesundheit anbelangt.

Sie machen Unternehmungen miteinander, die dazu dienen, im Schutz »der Großen« das Leben kennen zu lernen. Doch die gemeinsamen positiven Erlebnisse schweißen auch mehr und mehr zusammen.

Sie haben Fürsorgepflicht und achten zum Beispiel im Kleinkindalter darauf, dass es nicht vor ein Auto rennt oder im Supermarkt alle Fruchtzwerge aufreißt.

Sie stellen Regeln auf, unter anderem, um das Kind vor Gefahren zu bewahren, aber auch, um ihm Orientierung zu geben. Das ist erlaubt und das ist nicht erlaubt: Kinder-TV ja, der 20.00-Uhr-Krimi nicht!

Sie lassen aber idealerweise genug Freiheiten, dass das Kind seine eigenen Erfahrungen sammeln kann und nicht nur in Watte gepackt und behütet wird. Es darf auf dem Spielplatz auf dem Klettergerüst herumturnen, Sie sind da und haben ein Auge auf Ihr Kind, stehen aber nicht direkt dahinter, damit es sich ja nicht verletzt.

Ja, Sie haben Recht: Menschen sind Menschen und Hunde sind Hunde. Kindern können wir etwas erklären, Hunden nicht.

Dennoch: So unterschiedlich sind wir gar nicht ... Es lässt sich Einiges vom menschlichen Umgang auf Hunde übertragen.

Hunde leben von Natur aus in einem sozialen Verband und sind bereit, sich jemandem anzuschließen, der dieses »Jobs« würdig ist. Würdig ist der, mit dem man vertrauensvoll durchs Leben geht und der dabei Sicherheit vermittelt. Damit sind wir bei dem wichtigen Punkt »Stimmungsübertragung«.

Wie sich Stimmungen übertragen

Immer wieder gibt es für ihn neue Situationen oder Dinge, die ihm fremd sind. Schnappen Sie sich beispielsweise Ihren Welpen und laufen eiligen Schrittes nach Hause, weil ein Gewitter naht, setzen Sie ein Signal. Der Kleine lernt unter Umständen, dass ein Gewitter etwas Bedrohliches ist. Sie brauchen sich nicht zu wundern, wenn er bei Regen und Gewitter das Haus nicht verlassen mag und sogar Angst davor entwickelt. Dies lässt sich auf verschiedene Situationen des Alltags übertragen, beispielsweise wenn Sie den Welpen bei der Annäherung eines anderen Hundes oder bei einem vorbeifahrenden Lastwagen – in Sorge um den Kleinen – auf den Arm neh-

Stimmungsübertragung

Trost und beruhigenden Zuspruch empfindet der Welpe als Bestätigung für sein Verhalten. Hektik und Aufregung, verbunden mit erhöhtem Herzschlag, Atemfrequenz und verändertem Geruch des Halters, können aus Hundesicht Gefahr signalisieren.
Entspannt kann Ihr Welpe aufwachsen, wenn er spürt, dass Sie von der Grundeinstellung her fröhlich sind und dabei sicher auftreten. Das braucht Ihr kleiner Kerl, wenn er jetzt die Welt entdeckt.

men. Ihm können Sie nichts vormachen, entscheidend ist, wie Sie sich fühlen! Wenn Sie sich unwohl fühlen, dann wird der Knirps es spüren.

▶ Bitte nicht trösten

Trost und beruhigendes Zureden wie auch besorgtes Untersuchen auf kleine Verletzungen werden vom Hund als Bestätigung für ängstliches Verhalten aufgefasst.

»Wenn ich mich fürchte, bekomme ich Zuwendung, also ist es richtig Angst zu haben.« Dies ist die Lehre, die der Welpe daraus zieht, und er wird sich zunehmend unsicher verhalten. »Mein Mensch fürchtet sich, ich habe dazu wohl auch allen Grund.« Stattdessen »freuen« Sie sich lieber über einen Gegenstand, über Gewitter oder über Lärm, und zwar ganz laut und deutlich. Angenommen, er weicht vor dem Staubsauger ängstlich zurück, freuen Sie sich lautstark über diesen: »Mensch, das ist ja ein prima Staubsauger, den wir hier haben, der ist ja klasse!«

Machen Sie das bitte einfach nur für sich, ohne den Welpen mit Zwang dorthin zu drängen.

Schutz ist eher passiv zu gewähren. Das bedeutet: Ihr Hund kann sich in Ihre Nähe begeben, wird dort jedoch nicht getröstet.

Gefahrenabwehr

Aktiv sollten wir werden, wenn es um »Gefahrenabwehr« geht.

Beispiel: Sie gehen mit Ihrem angeleinten Welpen spazieren und ein anderer Hund stürmt bellend auf Sie zu. Nun ist es Ihre Pflicht, dafür Sorge zu tragen, dass dieser Hund Ihrem

Kleinen nicht zu nahe kommt und ihn in Angst und Schrecken versetzt. Das können Sie tun, indem Sie mit einem großen Schritt und einer Abwehrgeste auf den fremden Hund zugehen und ihn laut ansprechen. Die meisten Hunde verabschieden sich dann.

Warum das so wichtig ist? Würde dieser Hund jetzt zu Ihrem Welpen flitzen und ihn bedrängen, vielleicht sogar beißen, dann hätten Sie als – nennen wir es mal – »Aufsichtsperson« versagt. Trotz Ihrer Anwesenheit ist dem Kleinen etwas zugestoßen. Sie wollen aber eine gute Beziehung und ein Vertrauensverhältnis aufbauen. Wird dieses enttäuscht, wird der Hund Ihnen möglicherweise nicht mehr so einfach »glauben«, weil Sie ja nicht im Stande waren, ihn zu schützen.

Dies ist einer der Gründe, weshalb erwachsene, angeleinte Hunde häufig andere Hunde anbellen: Der Mensch ist aus Hundesicht nicht dazu in der Lage, die Situation zu meistern und einer muss sich ja um die Gefahrenabwehr kümmern.

Natürlich darf und soll Ihr Welpe mit erwachsenen Hunden spielen – das ist keine Frage. Aber Sie treffen hierbei die Entscheidung, wer der Spielkamerad sein sollte. Gefahrenabwehr bedeutet nicht, dass Sie permanent hinter Ihrem Welpen herlaufen sollen, damit ihm ja nichts passiert. Er würde unsicherer und »dümmer« gemacht, wenn wir ihm alles abnehmen und jeden Hund von ihm fernhalten, weil der eigene umgeschubst werden oder er im Spiel gegen einen Zaun stoßen könnte.

Spaß und Grenzen

Wir hatten bereits angesprochen, dass gemeinsamer Spaß immens wichtig ist, um eine gute Beziehung aufzubauen! Nur Sonnenseiten? Nein, es gehören auch Grenzen zur Hundeerziehung. Dabei sollte einer, und zwar Sie, das »Zepter« in der Hand halten, denn der Hund wäre damit überfordert. Chefsein hat nicht nur Vorteile, sondern ist sehr anstrengend, weil man Entscheidungen treffen muss und die Verantwortung trägt.

Wünschenswert aus Sicht des Hundes ist, dass Sie dafür Sorge tragen, dass das soziale Miteinander funktioniert. Sie geben die Strukturen und nehmen dafür Stress und Unruhe.

Beherzigen Sie dies bitte von Anfang an und warten nicht erst, bis sich der Kleine eingelebt hat. Es ist für ihn viel schwerer sich umzugewöhnen, als es gleich richtig zu lernen.

In der Vielzahl der Situationen sollten Sie es sein, um den Hund zu gemeinsamen Unternehmungen zu bewegen. (Er kommt, wenn Sie ihn rufen. Sie lassen ihn zum gemeinsamen Spaß auf einen Baumstamm springen usw.)

▸ Privilegien

Haben Sie keinerlei Schwierigkeiten mit Ihrem Vierbeiner und er gehorcht zuverlässig, dann darf er gerne gewisse Privilegien genießen, im Bett schlafen, Sie zum Spielen auffordern oder bei Tisch betteln.

Natürlich können wir auch mal über ihn steigen, wenn er im Weg

liegt, aber nicht permanent, denn der Hund merkt natürlich, dass wir es ihm passend machen.

Mit dem Welpen gehen wir anfangs noch langsam spazieren, bleiben aber bald, wenn er flotter unterwegs ist, nicht alle drei Meter stehen, weil Monsieur mal schnüffeln oder einen entgegenkommenden Hund begutachten möchte.

Schließlich soll er sich an Ihnen orientieren und nicht umgekehrt.

Ist das ab und zu der Fall, dann mag das kein Problem sein – die Summe der Situationen ist entscheidend. Und: Wer sich im Haus als Chef fühlt, der tut das auch draußen!

Mit diesen Überlegungen sind wir, liebe Leser, am Ende unseres Buches rund um den Hundewelpen angelangt. Wollen Sie Ihrem Hund etwas Gutes tun (und wer will das nicht), dann sehen Sie Bindung und Vertrauen als die Grundlage der Mensch-Hund-Beziehung und damit auch als den Schlüssel zur Erziehung Ihres Hundes. Seien Sie vergnügt, seien Sie geduldig, bleiben Sie konsequent und vor allen Dingen gelassen und denken Sie daran: Die Erziehung Ihres Hundes ist niemals abgeschlossen.

Daran werden Sie erinnert, wenn Ihr Welpe auf dem Weg zum Hund in seine «Rüpelphase«, kommt. Aber das ist wieder eine ganz andere Geschichte.

Danksagung

Danken möchten wir zunächst einmal sämtlichen Vierbeinern, die unsere Wege bisher kreuzten und die uns vieles über sie lehrten.
Ganz herzlich möchten wir uns bei den Menschen bedanken, die zur Entstehung dieses Buches beigetragen haben:
Günther Bloch, Dr. Eva Döring, Dr. Udo Gansloßer, Dr. Gudrun Groussel, Martin Kniese, Tanja Koop, Dr. Gabi Niepel , Eliette Michel, Ulrike Thurau, Heike Schmidt-Röger, Birgit Scheuplein , Edith Stölting, Sabine Stuewer … all unseren Kunden, Ralf Scheuermann und all denen, deren Namen wir hier nicht explizit erwähnt haben.

Danke für Euer aller Unterstützung!

Service

Service

Nützliche Adressen

Verband für das Deutsche Hundewesen VDH e. V.
Westfalendamm 174
D-44141 Dortmund
www.vdh.de

Schweizerischer Kynologische Gesellschaft (SKG)
Länggassstraße 8
CH-3012 Bern
www.hundeweb.org

Österreichischer Kynologenverband (ÖKV)
Siegfried Marcus Straße 7
A-2362 Biedermannsdorf
www.oekv.at

Hunde-Akademie
Perdita Lübbe
Goethestraße 27
64347 Griesheim
www.hundeakademie.de

Tierschutzverein Darmstadt u.U. e.V.
Am Alten Griesheimer Weg 199
64293 Darmstadt
www.tsv-darmstadt.de

Tierheime Deutschland
www.tierheim.de

Zum Weiterlesen

Bloch, Günther: **Der Wolf im Hundepelz**. Kosmos, Stuttgart 2004.

Feddersen-Petersen, Dr. Dorit: **Hunde und ihre Menschen.** Sozialverhalten und Mensch-Hund-Beziehung. Kosmos, Stuttgart 2001.

Feddersen-Petersen, Dr. Dorit: **Hundepsychologie.** Kosmos, Stuttgart 2004.

Führmann, Petra und Nicole Hoefs: **Das Kosmos-Erziehungsprogramm für Hunde.** Kosmos, Stuttgart 1999.

Führmann, Petra und Nicole Hoefs: **Erziehungsspiele für Hunde.** Kosmos, Stuttgart 2002.

Krämer, EvaMaria: **Der neue Kosmos-Hundeführer.** Kosmos, Stuttgart 2002.

Niepel, Gabriele: **Welpenspielstunde.** Müller Rüschlikon, 2001.

Schöning, Barbara: **Hundeverhalten.** Kosmos, Stuttgart 2001.

Register

Bildnachweis

Farbfotos von Thomas Höller/Kosmos (1; S. 13 u.), Christof Salata/Kosmos (4; S. 32, 43, 73, 105), Sabine Stuewer/ www.stuewer-tierfoto.de (23; S. 1, 6, 9, 10 o., 13 o., 20, 25, 26, 30, 38, 39 beide, 41, 47, 64, 65, 66, 80, 84 beide, 88 o., 100, 118), Viviane Theby/Kosmos (7; S. 21 beide, 23, 24, 56, 95, 108), Karl-Heinz Widmann/Kosmos (3; S. 13 m., 15 beide) sowie alle weiteren 98 Bilder von Sabine Stuewer/ Kosmos.
Mit 3 Farbzeichnungen von Claudia Borchert (S. 37, 71, 116) aus dem Comic „Bill – Nein" von Perdita Lübbe-Scheuermann

Impressum

Umschlag von Atelier Reichert unter Verwendung von 3 Farbfotos von Sabine Stuewer/www.stuewer-tierfoto.de

Mit 138 Farbfotos und 3 Farbzeichnungen.

Bibliografische Information Der Deutschen Nationalbibliothek
Die Deutsche Nationalbibliothek verzeichnet diese Publikation in der Deutschen Nationalbibliografie; detaillierte bibliografische Daten sind im Internet über http://dnb.ddb.de abrufbar.

Alle Angaben in diesem Buch erfolgen nach bestem Wissen und Gewissen. Sorgfalt bei der Umsetzung ist indes dennoch geboten. Der Verlag und die Autorinnen übernehmen keinerlei Haftung für Personen, Sach- oder Vermögensschäden, die aus der Anwendung der vorgestellten Materialien und Methoden entstehen könnten.

Gedruckt auf chlorfrei gebleichtem Papier

ISBN-13: 978-3-440-09876-9
ISBN-10: 3-440-09876-1
Redaktion: Alice Rieger
Grundlayout: eStudio Calamar
Herstellung: Kirsten Raue/Eva Schmidt
Printed in The Czech Republic / Imprimé en République tchèque

Kosmos–InfoLine

Perdita Lübbe-Scheuermann

wusste schon als Kind, dass sie mit Hunden arbeiten wollte: 1994 war es soweit und sie eröffnete die Hunde-Akademie in Griesheim bei Darmstadt, die bislang einzige Hundeschule mit ISO-Zertifizierung, einer laufenden Qualitätskontrolle. Gemeinsam mit ihren Mitarbeiterinnen unterstützt sie Hundebesitzer in der Erziehung und im Umgang mit ihren Vierbeinern, gleich ob Welpe oder erwachsener Hund.
Perdita Lübbe ist eine Persönlichkeit, die es versteht, mit Menschen und Hunden so zu kommunizieren und zu trainieren, dass es immer zu einem entspannten Miteinander führt. Sie bietet zahlreiche Seminare und Fortbildungen an und ihre Erfahrungen zum Thema Hundeerziehung sind in Funk und Fernsehen gefragt. Die Hunde Oskar, Eos und Bibi teilen das Leben mit ihr und ihrem Mann.

Sie können sich mit Fragen und Problemen an Perdita Lübbe-Scheuermann oder Frauke Loup wenden. Schreiben Sie an die „Hunde-Infoline“ (bitte mit Rückporto):

Kosmos-Verlag
»HundeInfoLine«
Postfach 10 60 11
D-70049 Stuttgart

Frauke Loup

ist langjährige Mitarbeiterin der Hunde-Akademie und mit kleinen und großen Nöten von Hundebesitzern und Hunden vertraut. Sie leitet unter anderem das Welpenspiel und unterstützt Welpenbesitzer im Einzelunterricht darin, das Verhalten ihres Vierbeiners verstehen zu lernen, eine hundgerechte Kommunikation aufzubauen und so eine harmonische Beziehung entstehen zu lassen. Frauke Loup betreut mehrere Tierheime – diese Hunde liegen ihr besonders am Herzen. Von dort hat sie auch ihre Mischlingshündin Kaya adoptiert. Ihr Spezialgebiet sind verhaltensauffällige Hunde.